아름다운 법화경(下)

대안스님

혜성출판사

머리말

『법화경』은 광범위한 지역의 많은 사람들이 수지·독송하는 경으로 대승불교의 꽃이라고도 할 수 있습니다.

이 경전은 부처님께서 깨달음을 이루시고 45년간 설하신 여러 경전 중에 마지막 말씀에 해당되며 『화엄경』과 함께 대승불교의 총화로서 불교의 사상을 가장 아름답고, 화려하고, 장엄하게 펼친 만다라입니다.

『아름다운 법화경』은 불자들이 이 경에 담긴 참 뜻을 이해하고 참 가르침을 마음에 되새기는 데에 도움이 되고자 하였습니다.

첫째, 법화경을 해석하여 불자들에게 이해를 드리고자 각주를 달아서 설명하였습니다. 둘째, 그 의미와 참뜻을 통하여 부처님과 불자들이 하나가 되어 갈 수 있도록 하였습니다.

이렇게 쓰여진 『아름다운 법화경』은 다음과 같이 구성되어 있습니다. 제1장은 법화경의 이해를 돕고자 의의, 위치, 성립과 구성 그리고 사상에 대하여 살펴보았습니다. 제2장은 본문 해석과 함께 불자들의 이해를 돕기 위하여 중요한 용어에 대하여 각주를 달아 설명하였습니다.

이 책을 통하여 불교를 바로 알고 자성을 되찾아서 깨달음에 이르는데 도움이 되었으면 합니다. 끝으로 이 책을 만드는데 도움을 준 혜성출판사 관계자 분들께 감사드립니다.

나무마하반야바라밀

불기 2544년 8월
대 안 합장

차 례

제2장 본문 해석

8. 오백제자수기품(五百弟子授記品) · 8
9. 수학무학인기품(授學無學人記品) · 24
10. 법사품(法師品) · 33
11. 견보탑품(見寶塔品) · 47
12. 제바달다품(提婆達多品) · 65
13. 권지품(勸持品) · 77
14. 안락행품(安樂行品) · 85
15. 종지용출품(從地涌出品) · 109
16. 여래수량품(如來壽量品) · 126
17. 분별공덕품(分別功德品) · 139
18. 수희공덕품(隨喜功德品) · 158
19. 법사공덕품(法師功德品) · 168

아름다운 **법화경**(下)

20. 상불경보살품(常不輕菩薩品) · 189
21. 여래신력품(如來神力品) · 199
22. 촉루품(囑累品) · 206
23. 약왕보살본사품(藥王菩薩本事品) · 209
24. 묘음보살품(妙音菩薩品) · 224
25. 관세음보살보문품(觀世音菩薩普門品) · 236
26. 다라니품(陀羅尼品) · 249
27. 묘장엄왕본사품(妙莊嚴王本事品) · 257
28. 보현보살권발품(普賢菩薩勸撥品) · 267

찾아보기 · 277
참고문헌 · 283

제2장

본문 해석

제4권

8. 오백제자수기품(五百弟子授記品)

그때 부루나[1]는 부처님께서 이 지혜의 방편으로 마땅함을 따라 법 설하심을 듣고, 또 여러 큰 제자들에게 아뇩다라삼먁삼보리를 수기하심을 들었으며, 또 지난 세상의 인연으로 있었던 일을 들었다. 또한 여러 부처님은 자유로운 큰 신통력이 있음을 듣고 '미증유'를 얻어 마음이 청정하고, 뛸 듯이 기뻐하며 자리에서 일어나 부처님

---

1) 부루나(富樓那) : 구족하게는 부루나미다라니자(富樓那彌陀羅尼子)·부라나매저려야부다라(富羅拏梅低黎夜富多羅)·부나만타불다라(富那曼陀弗多羅)·보랄나매달리니불달라(補剌那梅呾利尼弗呾羅)·만원자(滿願子)·만축자(滿祝子)·만자자(滿慈子)라 번역하며 이도 교살라국 사람, 바라문 종족의 출신으로 아버지는 가비라성주(迦毘羅城主) 정반왕의 국사, 가정은 큰 부자로서 부처님과 생년월일이 같다. 대단히 총명하여 어려서 4베다(吠陀)·5명(明)을 통달하였으며 진세(塵世)를 싫어하여 입산 수도 부처님이 성도하여 녹야원에서 설법하심을 듣고 친구들과 함께 부처님께 귀의, 아라한과를 얻었다. 변재가 훌륭하여 불제자 중에 설법 제일, 뒤에 여러 곳으로 다니며 인격과 변재로써 중생교화에 전력하다. 또한 처음 출가하여 아라한과를 증득하고 뒤에 『법화경』의 설법을 듣고 소승에서 대승으로 회향하여 5백제자 수기품에서 미래에 성불할것을 수기(受記) 받고 법명여래(法明如來)라 부르게 될 것이라고 한다.

께 머리 숙여 예배하고, 한쪽으로 물러나 부처님의 존안을 우러러보되 눈을 잠시도 깜박이지 않고 생각하기를 '세존께서는 매우 기특하시고 하시는 일이 또한 희유하시어, 세간의 여러 가지 종성[2]을 따라 방편과 지견으로써 법을 설하시어 중생이 집착하는 곳을 떠나게 해주시니, 우리들은 그 부처님의 공덕을 말로 다할 수가 없구나. 오직 세존만이 우리들의 깊은 마음 속 본래의 바라는 바를 아시리라' 고 하였다.

이때 부처님께서는 여러 비구들에게 말씀하셨다.

"너희들은 이 부루나를 보느냐. 나는 항상 설법하는 사람 가운데서 그가 제일이라 칭찬하였으며 또 가지가지 그의 공덕을 찬탄하였느니라. 부지런히 정진하여 나의 법을 받들며 도와 선설[3]하고, 사부대중에게 보이고 가르치며 이롭게 하고 기쁘게 하며, 모두 갖추었으므로 부처님의 바른 법을 해석하여 같은 범행자를 크게 이익 되게 하느니라. 또 여래를 제하고는 그 언론의 변재를 당할 이가 없느니라. 너희들은 다만 부루나가 나의 법만 돕고 선설한다고 생각하지 말라. 또한 과거의 9십억 여러 부처

---
2) 종성(種性) : 중생의 본성 및 성질을 말한다.
3) 선설(宣說, vaktṛ) : 가르침을 설법해 논하고 전하는 것이다. 참고로 선설(善說)은 잘 설명한 부처님의 가르침을 말한다.

님 계신 데서 부처님의 바른 법을 받들어 돕고 선설할 때에도 그 설법하는 사람 가운데 제일이었느니라. 또 부처님께서 설하신 공법에서 밝게 통달하여 사무애지[4]를 얻어, 항상 잘 살피어 청정하게 법을 설하되 의혹 됨이 없으며, 보살의 신통력을 다 갖추어 그 수명을 따라 항상 범행을 닦았으므로 그 부처님의 세상 사람들은 '이는 참다운 성문이라' 고 다 말하였느니라.

부루나는 이런 방편으로써 한량없는 백천 중생을 이익케 하며, 또 한량없는 아승지의 사람들은 교화하여 아뇩다라삼먁삼보리에 이르도록 하였으나 부처님의 국토를 청정하게 하려고 항상 불사를 하고 중생을 교화하느니라.

여러 비구들아, 부루나는 또 과거의 일곱 부처님의 설법하는 사람 가운데서도 제일이었으며, 지금 내가 있는 곳에서 설법하는 사람 가운데서도 또한 제일이고, 현겁[5] 중 앞으로 올 여러 부처님의 설법하는 사람 가운데서도 또한 제일로서, 부처님의 법을 다 받들어 가지고 도와 선

---

4) 사무애지(四無碍智) : 사무애변(四無碍辯)이라고도 하며, 네 종류의 장애가 없는 자유자재로운 이해·표현능력이라는 뜻으로 불·보살의 설법에 있어서 지변(智辯)을 뜻의 작용이라고 하는 점에서 해(解) 혹은 지(智)라고도 한다. 이 네가지에는 법무애(法無碍)·의무애(義無碍)·사무애(辭無碍) 또는 사무애(詞無碍)·낙설무애(樂說無碍)가 있다.

설하며, 또 미래에도 한량없고 가없는 많은 부처님의 법을 받들어 가지고 도와 선설하고 아뇩다라삼먁삼보리에 이르게 하지마는, 부처님의 국토를 청정하게 하기 위하여 부지런히 항상 정진하고 중생을 교화하여 보살의 도를 점점 구족하느니라. 그가 한량없는 아승지겁을 지나 이 땅에서 아뇩다라삼먁삼보리를 얻으리니, 그 이름은 법명여래(法明如來)·응공·정변지·명행족·선서·세간해·무상사·조어장부·천인사·불세존이니라.

그 부처님께서 항하의 모래같이 많은 삼천대천 세계를 하나의 부처님 국토로 만드니, 칠보로 땅이 되고 그 땅은 손바닥처럼 평평하여 산이나 계곡이나 구릉이 없으며 칠보로 된 누각이 그 가운데 가득하며, 많은 하늘의 궁전이 허공 가까이 있어 인간과 하늘이 서로 볼 수 있으며 여러 가지 악도란 것이 없고, 또 여자도 없으며 일체 중생이 다 화생하므로 음욕이 없느니라. 또한 큰 신통들을 얻어 몸에서 밝은 광명이 나고 공중을 자유로이 날아다니며,

---

5) 현겁(賢劫) : 3겁(三劫)의 하나로 선시분(善時分), 현시분(賢時分)이라고도 한다. 과거의 주겁(住劫)을 장엄겁(莊嚴劫)이라 하고 현재의 주겁을 현겁이라고 하며 미래의 주겁을 성수겁(星宿劫)이라고 한다. 현재의 주겁 20증감(增減) 가운데 천 부처님(천불, 千佛)이 출세함으로 현재의 주겁을 미칭(美稱)하여 현겁이라고 한다.

뜻과 생각이 견고하고 정진하며 지혜들이 있어, 널리 황금색의 삼십이상을 스스로 다 장엄하느니라. 또 그 나라 중생은 항상 두 가지 음식을 가지나니, 첫째는 법 듣기를 기뻐하는 겁이요[6], 둘째는 선정에 드는 것을 기뻐하는 것[7]이니라. 한량없는 아승지 천만억 나유타의 많은 보살 대중이 있어, 그들도 큰 신통과 사무애지를 얻어 중생들을 교화하며, 그 나라의 성문 대중도 숫자로 헤아릴 수 없이 많으나, 다 여섯 신통과 세 밝음과 여덟 해탈을 얻어 구족하니, 그 부처님의 국토는 이와 같이 한량없는 공덕으로 장엄하게 이루어지며, 그 집의 이름은 보명(寶明)이고, 나라의 이름은 선정(善淨)으로, 부처님의 수명은 한량없는 아승지겁이니라. 법이 세상에 아주 오래 머물고, 그 부처님 열반하신 뒤에는 그 나라 가득히 칠보탑을 세우리라."

그때 세존께서 이 뜻을 다시 펴시려고 다음과 같이 게송으로 말씀하셨다.

---

6) 법희식(法喜食) : 이식(二食)·오식(五食)의 하나로, 법(가르침)을 듣고 기뻐하는 것은 음식을 먹었을 때와 같은 것이므로 이렇게 말한다. 가르침을 듣는 기쁨이라는 음식, 법의 기쁨이라는 음식물을 말한다.
7) 선열식(禪悅食) : 법열(法悅)이라고 하는 먹을 것으로 선정(禪定)에 들어가면 마음이 진정되고, 쾌적(快適)이 되므로, 그 상태를 음식물로 표현한다.

여러 비구들아, 잘 들을지니라
방편으로 익혀서 잘 배운 까닭

불자가 행하는 여러 가지 도
너희들의 힘으로는 불가사의라.

어리석은 중생들 소승법 즐겨
이런 줄 미리 아는 여러 보살들

큰 지혜를 두려워할새
성문이나 연각으로 다시 되어서

한량없고 가없은 방편으로
나는 진실한 성문인데

여러 중생들을 교화할 적에
부처님의 크신 도 매우 멀구나.

한량없는 중생을 제도시키어
마음이 비록 게을러도

모두 다 그들이 성취케 하며
점점 닦아 부처를 이루게 하며

안으로는 보살행 갖추어 있고
적은 것 희망하고

겉으로 성문이라 행세하면서
생사에 얽혔어도 그 실은

불국토를 청정하게 하려는 뜻
삼독의 무서움을 드러내 뵈 주고

삿된 견해 모양들을 나타내는 것

나의 제자들은 이러한 일로
내가 만일 구족함을 나타내어서

방편 써서 중생을 제도하나니
갖가지 변화된 일 말을 하면

이를 들은 모든 중생
이제 여기 있는 부루나는

부지런히 도를 행하고 닦아
위없는 지혜를 구하기 위해

큰 제자로 있을 때에도
법을 설하는 바 두려움이 없어

피곤함도 권태로움도 일찍이 없어
일찍이 크나큰 신통을 얻고

영리하고 우둔한 근기에 따라
이와 같이 깊은 뜻 밝게 설해

대승법에 머물게 하니
미래에도 한량없이 많은 부처님

바른 법 보호하고 선설하나니
항상 여러 가지 방편으로써

마음에 의혹을 품을 것이라.
옛날부터 천억의 부처님한테

모든 불법을 잘 연설하며
여러 부처님이 계신 곳에서

많이 들어 지혜가 있었으며
중생들 듣는 대로 환희하니

부처님의 하시는 일 잘 도우며
사무애의 지혜를 모두 갖추며

항상 청정한 법 설하노라.
천억의 여러 중생들 교화하여

불국토가 스스로 청정해지며
친견하고 받들고 공양하면서

불국토가 스스로 청정해지며
두려울 바 없는 법을 설하며

많고 많은 중생을 제도하여서
모든 여래 찾아 뵙고 공양하며

뒷세상에 반드시 성불하면
그 부처님 나라 이름 선정이니

겁의 이름은 보명이리니
그 수가 한량없는 억 보살들

위덕의 힘 또한 두루 갖추니
삼명과 팔해탈과 사무애지를

이와 같은 무리가 승려가 되니
음욕의 삿된 마음 이미 다 끊고

그렇게 받은 신체의 모양
법희와 선열로 음식을 삼아

여인은 원래부터 있지 않으니
지금 여기 있는 부루나 비구

모든 지혜 성취케 하리.
법보장을 받들어 가지나니

그 이름 이르기를 법명이니라.
모든 것이 칠보로 이루어지며

그 나라에 보살 대중 많기도 하리
모두 다 큰 신통을 얻어 가지며

나라 안의 곳곳마다 충만한 무리
얻어 가진 성문도 헤일 수 없어

그 부처님 국토의 모든 중생들
순일한 변화로 태어나므로

갖추고 장엄스런 보기 좋은 상
다시 다른 생각 전혀 없으며

한가지 악한 길도 또한 없어라.
공덕을 원만하게 다 이루어서

제2장 본문해석

맑고 깨끗한 이 정토 안에 　　　거룩한 성인들을 많이 얻으리니
부루나 비구 앞으로 올 세상에 　　범행 닦아도 이루고 성불할 때에

한량없는 이런 일이 있으리라고 　　내가 지금 간략하게 말하였노라.

　그때 1천 2백의 마음이 자재함을 얻은 아라한들은 생각하기를 '우리들은 지금 일찍이 없었던 기쁨을 얻었도다. 만일 세존께서 다른 큰 제자들처럼 우리에게도 수기를 하시면 얼마나 기쁘겠는가' 하였다.
　이때 부처님께서는 그들의 마음에 생각하는 바를 아시고 마하가섭에게 말씀하셨다.
　"이 1천 2백의 아라한들에게 지금 내 앞에서 아뇩다라삼먁삼보리의 수기를 차례대로 주리라. 이 가운데 있는 내 큰 제자 교진여 비구는 앞으로 6만 2천억의 많은 부처님을 공양한 뒤에 부처를 이룰지니, 그 이름은 보명여래(寶明如來)·응공·정변지·명행족·선서·세간해·무상사·조어장부·천인사·불세존이니라. 또 5백의 아라한이 우루빈나가섭·가야가섭·나제가섭·가루다이·우다이·아누루타·이바다·겁빈나·박구라·주다·사가다 등도 반드시 아뇩다라삼먁삼보리를 모두 얻

으리니 그 이름 또한 모두 보명이니라."

그때 세존께서 이 뜻을 펴시려고 다음과 같이 게송으로 말씀하셨다.

나의 큰 제자 교진여 비구는
아승지 긴 세월 지낸 뒤에

한량없이 많은 부처 친견하고
위없는 등정각을 이루리라.

항상 큰 광명 밝게 놓고
그 이름이 시방 세계 들리리니

여러 가지 신통을 두루 갖추어
모든 이의 공경 받으리.

위없이 큰 도를 항상 설할새
그 부처님 국토는 청정도 하며

그러므로 그 이름이 보명이리니
보살도 모두 다 용맹스러워

미묘하고 아름다운 누각에 올라
갖가지 훌륭한 공양 기구로

시방의 여러 국토 거닐어 놀되
여러 부처님 공경하여 받들고

이와 같은 여러 공양 마친 뒤에는
제각기 본국으로 돌아가나니

마음마다 큰 환희 함께 품어서
신통한 그 힘이 이와 같노라.

그 부처님 수명은 6만 겁이요
상법은 또 다시 정법의 두 배

정법이 머물기는 그 두 배 세월
이 오랜 겁수를 헤아릴손가.

법이 멸도한 후 하늘 인간이 근심일새
차례로 부처를 이룰 것이니

5백의 비구들도 범행을 닦아
그 이름이 한가지로 보명이니라

이와 같이 점차로 수기하거늘
누구든 반드시 성불하리니

내가 장차 멸도한 후에는
그 부처님 교화하는 여러 세계도

오늘날 내가 사는 이 세상처럼
보살과 성문의 많은 대중들

국토는 엄정하게 다스려지고
여러 신통한 힘 두루 갖추며

세상에 머무를 정법과 상법
누구도 가히 헤아릴 수 없나니

그 수명 겁수의 많고 적음은
위에서 내가 설함과 같고

나의 제자 가섭아 네가 알 듯이
다른 성문의 여러 대중도

5백의 자유로운 아라한이나
그 일이 모두 이와 같나니

5백의 그 많은 제자 가운데
앞에서 내가 말한 모든 일들을

이곳 참석하지 못한 이들은
네가 그들에게 선설하여라.

그때 5백 아라한은 부처님 앞에서 수기를 받고 그 마음이 환희하여 뛸 듯이 기뻐하며 자리에서 일어나 부처님께 머리 숙여 예배하고, 자기들의 잘못을 뉘우치고 자책하여 말하였다.

"세존이시여, 저희들은 항상 이런 생각을 하였나이다. 저희들도 구경의 열반을 얻었노라 하였더니, 이제 알고 보니 무지한 일이었나이다. 왜냐하면 저희들이 얻어야 할 것은 여래의 지혜이었거늘, 다만 작은 지혜를 얻고 만족하였기 때문입니다.

세존이시여, 비유하면 어떤 사람이 친구의 집을 찾아가 술이 만취되어 누웠는데, 그때 그 집 친구는 볼일이 있어 집을 나가면서 값도 모를 보배 구슬을 그의 옷 속에 넣어두고 갔지만, 술이 취한 친구는 그것도 알지 못하고, 잠을 깨어 일어나 멀리 다른 나라에까지 이르렀나이다. 그곳에서 의식을 찾느라 무척 많은 고생을 하면서, 조그만 소득이 있어도 그것으로 만족하며 살았나이다. 그 후 얼마가 지난 뒤에 친구가 그를 만나보고 말을 하되 '졸장부야, 의식 때문에 퍽 구차하게 사는구나! 내가 옛날 너로 하여금 안락하고 오욕에 즐기도록 어느 해 어느 달 어느 날 네가 찾아 왔을 때, 값도 모를 보배 구슬을 너의 옷 속에 넣어 주었으니 지금도 그대로 있을 것이다. 너는 그것도 모르고 의식을 구하기 위해 고생하고 번뇌하며 구차하게 살고 있으니 참으로 어리석구나. 너는 이제 이 보물로써 소용되는 것들을 사들인다면, 항상 뜻과 같이 되어 모자람이 없으리라'고 하였나이다.

부처님께서도 또한 이와 같아 보살로 계실 때에, 저희들을 교화하시어 일체지의 마음을 내도록 하셨지만, 그것을 잊어 알지도 깨닫지도 못하며, 이미 아라한의 도를 얻어 멸도하였다고 스스로 생각하였나이다. 그러나 본래 자생[8]이 가난하여 작은 것만 얻어도 만족하게 생각하였으나, 일체지를 바라는 마음은 아직 잃지 아니하였나이다.

지금 세존께서 저희들을 깨닫게 하시려고 말씀하시기를 '여러 비구들아, 너희들이 지금 얻은 것은 구경의 열반이 아니니라. 내가 오랫동안 너희들로 하여금 부처님의 선근을 심도록 하였고, 방편으로써 열반의 모양을 보였으나, 너희들은 그것으로 진실한 멸도를 얻었다고 하노라'고 하셨나이다. 세존이시여, 이제서야 저희들은 보

---

8) 자생(資生) : 생활에 도움이 되는 것, 생활에 도움이 되는 물건, 사람의 생활을 도와주는 의식주를 위한 도구로 필수품을 말한다.

살로서 아뇩다라삼먁삼보리의 수기를 받을 수 있음을 알았으며, 이런 인연으로 마음이 매우 크게 환희하여 미증유를 얻었나이다.'

그때 아야교진여 등이 이 뜻을 거듭 펴려고 게송을 읊었다.

저희들 여기에서 크고 위가 없는
마음 크게 환희하며 미증유 얻어

안온의 수기 주시는 음성을 듣고
무량지혜 부처님께 예배하나이다.

지금 저희들이 세존 앞에서
한량없는 부처님의 보배 가운데

여러 가지 허물을 스스로 뉘우칠새
열반의 한 조각을 겨우 얻고서

지혜 없어 어리석은 사람과 같이
비유하면 어떤 빈궁한 이가

스스로 만족하게 생각했으니
친구의 집 찾아서 갔던 일이라.

그 친구 사는 집은 큰 부자로서
값으로 헤일 수 없는 많은 보배를

여러 가지 음식으로 대접을 하고
옷 속에 가만히 넣어 주고서

바쁜 일로 말없이 먼저 나가니
얼마를 지난 뒤에 그 집을 나와

그 사람은 잠든 채 알지 못하고
멀리 타국까지 이르렀나이다.

제2장 본문해석

먹을 것 입을 것 구하느라고
적은 것 얻고도 만족하여서

옷 속에 넣어 준 그 많은 보배
보배 구슬 주었던 그 친구가

몹시 책망하고 충고도 하며
가난한 그 친구 그것을 보고

단번에 부자가 된 그 친구는
저희들도 또한 이와 같은 일

불쌍한 중생을 교화하시고
저희들 근기 엷고 무지하여서

열반의 많은 보배 가운데
우리가 다 얻어 멸도했다고

부처님은 저희를 깨닫게 하려
위없는 불지혜를 얻어야만

몸과 마음 모두가 구차한 생활
그 이상 원하지 아니하나니

알지도 깨닫지도 못하는 중에
빈궁한 친구를 후에 만나서

매어준 구슬을 보여 주거늘
마음이 크게 환희함이라.

오욕을 마음대로 힘껏 누리니
세존께서 긴 세월 다하도록

위없는 바램을 심어 주거늘
깨닫지도 못하고 알지 못하여

아주 적은 부분을 얻고서도
스스로 만족하여 즐겼나이다.

그 모두 참 멸도가 아니라시며
이가 곧 참 멸도라 말씀하시니

저희들은 지금 부처님께옵서　　수기를 주시는 장엄한 일과
차례차례 수기하리라는 말씀 듣고　신심이 모두 환희하나이다.

9. 수학무학인기품(授學無學人記品)

    그때 아난[1]과 라훌라[2]가 이렇게 생각하였다. '우리들도 만일 이런 수기를 얻게 되면 또한 기쁘지 않겠는가' 고. 그리고는 곧 자리에서 일어나 부처님 앞으로 나아가 머리 숙여 예배하고 부처님께 여쭈었다.

    "세존이시여, 저희들도 또한 마땅한 분수가 있사오니 오직 여래께 귀의하며, 또한 저희들을 일체 세간의 하늘과 인간과 아수라들이 보고 아나이다. 아난은 항상 시자[3]가 되어 법장 받들어 가지고 있으며, 라훌라는 부처님의 아들이니 만일 부처님께서 아뇩다라삼먁삼보리의 수기

---

1) 아난(阿難) : 다문(多聞)제일이다. 부처님의 이복동생으로 설법을 가장 많이 듣고 기억력도 뛰어났으며 천성적으로 총명하고 다정다감해 출가이후 줄곧 부처님의 시중을 들었다. 부처님께서 열반한 직후에는 가섭과 더불어 부처님의 가르침을 정리하는데 많은 활약을 했다.
2) 라훌라(羅睺羅, Rāhula) : 밀행(密行) 제일이다. 부처님의 아들로 출가 후 사리불을 스승으로 수행을 했다. 불교교단의 최초의 사미(沙彌)로서 많은 수난과 고통을 당하였으나 온갖 욕된 일을 잘 참는데는 그를 따를 자가 없었다고 전한다.
3) 시자(侍者) : 스승·장로를 따라서 시중을 드는 사람이라는 뜻으로 고승의 가까이서 시중을 들고 명령에 따르며, 항상 용무를 다하는 제자를 말한다. 불전(佛前)에 관하여 스승에게 급사(給仕)하는 소향시자(燒香侍者)·왕복서간(往復書簡)을 맡은 서장시자(書狀侍者)·손님의 접대를 맡은 청객시자(請客侍者)등이 있다.

를 주신다면, 저희의 소원이 성취되며 대중들의 소망도 또한 만족하오리다."

그때 배우는 이와 다 배운 이와 성문 제자 2천 인이 모두 자리에서 일어나 오른쪽 어깨를 벗어 드러내고, 부처님 앞에 나아가 합장하고 일심으로 우러러 보기를 아난과 라훌라가 원하는 것과 같이 하고, 한쪽에 물러나 앉아 있으니, 이때 부처님께서 아난에게 말씀하셨다.

"너는 오는 세상에 반드시 성불하리니, 그 이름은 산해혜자재통왕여래(山海慧自通王如來)·응공·정변지·명행족·선서·세간해·무상사·조어장부·천인사·불세존이니라. 마땅히 6십 2억의 여러 부처님을 공양하고, 법장을 받들어 가진 뒤에 아뇩다라삼먁삼보리를 얻고, 2십 천만억 항하의 모래 같이 많은 보살들을 교화하여 아뇩다라삼먁삼보리를 얻게 하리라. 그 나라의 이름은 상립승번(常立勝幡)으로 국토가 청정하여 그 땅이 유리로 되며 겁의 이름은 묘음변만(妙音遍滿)이니라.

그 부처님의 수명은 한량없는 천만억 아승지겁으로, 만일 사람이 천만억 한량없는 아승지겁 동안 수학으로 헤아린대도 그 수를 알 수 없으며, 정법이 세상에 머물기는 그 부처님 수명의 두 배이고, 상법은 정법 수명의 두

배이니라.

아난아, 이 산해혜자재통왕불은 시방 세계 한량없는 천만억 항하의 모래 같은 여러 부처님 여래께서 다 함께 그 공덕을 찬탄하시게 되리라."

그때 세존께서는 이 뜻을 거듭 펴시려고 다음과 같이 게송으로 말씀하셨다.

내 이제 대중에게 말하노라
오는 세상 여러 부처 공양하고

큰 제자 아난은 법을 받들어서
그 일을 마친 뒤 정각을 이루리니

거룩하신 그 이름 산해혜자재통왕불
나라 이름 또한 상립승번이며 교화할

그 부처님 국토는 항상 청정하여
많은 보살 항하의 모래 같고

훌륭하신 그 부처님 크신 위덕과
끝없이 누리시는 부처님 수명은

높으신 그 이름이 시방에 퍼지며
어리석고 불쌍한 중생을 위함이며

부처님 수명 두 배를 정법이 머물고
항하 모래 같이 무수한 중생들 부처될

상법은 다시 그 두 배를 머무르며
인연을 그 법 중에 심으리라.

그때 대중 가운데 있던 새로 발심한 보살 8천인은 '우리 같이 큰 보살들도 아직 수기 받았다는 말을 듣지 못하였는데 무슨 인연으로 여러 성문들이 이런 결정을 얻는 것인가' 하고 다 같이 생각하였다.

이때 세존께서 여러 보살들이 마음에 생각하는 것을 아시고 그들에게 말씀하셨다.

"여러 선남자들아, 나는 아난과 함께 공왕불[4] 계신 데서 동시에 아뇩다라삼먁삼보리의 마음을 내었으나, 아난은 항상 잘 듣고 많이 듣기를 좋아하였으며, 나는 항상 부지런히 정진한 까닭으로 아뇩다라삼먁삼보리를 이루었고, 아난은 내 법을 받들어 가지며, 또한 장래 여러 부처님의 법장을 받들어 가지며 모든 보살들을 교화하여 성취시키리니, 그 본래의 소원이 이와 같으므로 수기를 주느니라."

아난이 부처님 앞에서 스스로 수기를 받으며, 국토의 장엄을 듣고 원하던 것이 만족되어 그 마음이 환희하여 미증유를 얻으며, 그때 과거의 한량없는 천만억의 여러 부처님 법장을 기억하고 생각하니, 통달하여 걸림 없는

---

[4] 공왕불(空王佛) : 과거세의 한 부처님으로 공왕(空王)은 부처님의 총칭이었으나 지금은 한 부처님만을 일컫는다.

것이 지금 이 곳에서 듣는 바와 같으며 또한 본래 소원하던 바를 알 수 있었다.

그때 아난이 게송을 읊었다.

거룩하고 높은 희유하신 세존께서
한량없는 부처님 법을

나로 하여금 지난 세상의
오늘 들은 것처럼 생각케 하시니

품었던 의심이 다시는 없어
방편으로 부처님의 시자가 되어

불도에 편안히 머무르건만
여러 부처님 법 수호합니다.

그때 부처님께서는 라홀라에게 말씀하셨다.

"너는 오는 세상에 반드시 성불하리니, 이름은 도칠보화여래(蹈七寶華如來)·응공·정변지·명행족·선서·세간해·무상사·조어장부·천인사·불세존이니라. 시방 세계의 가는 티끌과 같이 많은 부처님을 공양하며 항상 여러 부처님의 장자(長子)가 되어 지금 같으리라.

이 도칠보화불의 국토는 장엄하고, 그 부처님의 수명 겁수나 교화할 제자나 정법과 상법의 수명도 산해혜자재통왕여래와 다르지 아니하며, 또한 이 부처님의 장자가 되리라. 이와 같이 한 후에 반드시 아뇩다라삼먁삼보리를 얻게 되리라.

그때 세존께서는 이 뜻을 거듭 펴시려고 다음과 같이 게송으로 말씀하셨다.

옛날 내가 태자로 있을 때　　　　라훌라는 큰 장자가 되었더니
오늘날 내가 부처님 도 이루니　　그 법을 받아 지녀 법자[5] 되었네

앞으로 오는 세상 한량이 없는　　억만의 여러 부처님 친견하옵고
그 모든 부처님의 장자가 되어　　한결같은 마음으로 부처의 도 구하니

라훌라의 밀행[6]을　　　　　　　아는 이는 오직 나뿐이어라
현재는 나의 큰 장자 되어　　　　여러 중생들에게 두루 보이니

한량없는 천만억 공덕　　　　　　이루 다 헤아릴 수 없지만
불법에 항상 편히 머물러　　　　위없이 높은 도를 구함이니라.

---

5) 법자(法子) : 법의 아들로 불법을 믿고 실천하여 지혜를 얻은 아들, 부처님의 법의 힘으로 태어난 아들이라는 뜻이다. 불제자를 불자(佛子)로 이름짓는 것과 마찬가지로 법의 인도로 태어났으므로 법자라고 한다.
6) 밀행(密行) : 비밀한 행을 말한다. 남이 살펴도 알 수 없는 행이란 뜻이다.

그때 세존께서 아직 배우는 이와 다 배운 이 2천 인의 그 뜻이 부드럽고 고요하고 청정하여, 한결같은 마음으로 부처님 우러러봄을 보시고, 아난에게 이렇게 말씀하셨다.

"너는 이 배우는 이와 다 배운 이 2천인을 보느냐."

"예, 그들을 제가 보았나이다."

"아난아, 이 많은 사람들은 반드시 50세계의 가는 티끌 같은 수의 여러 부처님 여래를 공양하고 공경하고 존중하며 법장을 받들어 가지다가 맨 나중에 한꺼번에 시방 국토에서 각각 성불하리라. 그때 이름은 다 한 가지로 보상여래(寶相如來)·응공·정변지·명행족·선서·세간해·무상사·조어장부·천인사·불세존이니라.

그 부처님의 수명은 1겁이며, 국토의 장엄과 성문과 보살과 그리고 정법과 상법이 세상에 머무는 수명이 똑같으리라."

그때 세존께서는 이 뜻을 거듭 펴시려고 다음과 같이 게송으로 말씀하셨다.

지금 내 앞에 머물러   법을 듣는 2천의 성문들은
모두 한 가지로 큰 수기 받아서   앞으로 오는 세상 성불하리라.

위에서 내가 말한 많은 티끌 수의 　　여러 부처님을 친견하고 공양하며
깊고 높은 법장 받들어 가진 뒤 　　　반드시 정각을 이룩하리라.

성불한 그 부처님 시방 국토에서 　　모두 다 한 가지로 이름을 갖추리니
범행 닦을 도량에서 함께 나아가 　　위없는 무상 지혜 얻어 가지리라.

그들의 이름 또한 한 가지로 　　　　보상이며 장엄스런 국토나
많은 그 제자들 　　　　　　　　　　세상에 머무를 정법이나 상법도

모두 다 하나같이 다름이 없으리.
그 모든 부처님 여러 신통으로 　　　시방의 한량없는 중생을 제도하며

높은 이름 널리 퍼져 가득하니 　　　바라던 열반에 점차로 들리라.

　그때 아직 배우는 이와 다 배운 이 2천인이 부처님께서 주시는 수기를 받고, 마음이 환희하고 용약하여 게송을 읊었다.

지혜의 밝은 등불 　　　　　　　　　거룩하신 세존께서
우리에게 주시는 　　　　　　　　　수기의 음성 듣고

마음 크게 환희함이 온 몸에 가득하니
감로의 단비를 퍼부은 것 같나이다.

10. 법사품(法師品)

그때 세존께서는 약왕보살[1]로 인하여 8만 대사[2]들에게 말씀하셨다.

"약왕아, 너는 이 대중 가운데 한량없는 여러 하늘·용왕·야차·건달바·아수라·가루라·긴나라·마후라가·사람인 듯 아닌 듯한 것들·비구·비구니·우바새·우바이의 성문을 구하는 이나 벽지불을 구하는 이나 불도 구하는 이를 다 보느냐. 이러한 무리들이 모두 부처님 앞에 나아가 『묘법연화경』의 한 게송이나 한 구절을 듣고, 일념으로 따라 기뻐하는 이에게는 내가 모두 수기를 주어 아뇩다라삼먁삼보리를 얻게 하리라."

부처님께서 또 약왕에게 말씀하셨다.

---

1) 약왕보살(藥王菩薩, Bhaiṣajya-rāja) : 25보살의 한 사람으로, 관약왕(觀藥王)이라고도 한다. 약왕보살은 미래에 성불하여 누지여래(樓至如來) 혹은 정안불(淨眼佛)이 되리라고 한다. 이 보살은 항상 대비의 약으로 일체 중생의 혹업(惑業)을 치료하고 즐거움을 주는데 자재를 얻었다 한다. 또 일찍 몸을 태워 부처님께 공양할 적에 그 불이 1천 2백세가 되도록 꺼지지 않았다고 한다. 형상은 몸이 단정 화려하고 왼손에 당(幢)을 가졌다.

2) 대사(大士, mahā-sattva) : 불보살의 통칭으로 현명한 사람, 훌륭한 사람, 뛰어난 사람, 위대한 사람, 보살이며 개사(開士)라고도 한다. 보살도의 실천자를 가리킨다.

"여래께서 멸도하신 후 만일 어떤 사람이 『묘법연화경』의 한 게송이나 한 구절을 듣고 일념으로 따라 기뻐하는 이에게는 내가 모두 아뇩다라삼먁삼보리의 수기를 주리라. 또 만일 어떤 사람이 『묘법연화경』의 한 게송이나 한 구절을 받아가지고 읽거나 외우며 해설하고 쓰는 이나 이 경전을 부처님같이 생각하여, 가지가지의 꽃과 향과 영락이며 말향·도향·소향이며, 증개·당번·의복·기악 등으로 공양하고 합장하여 공경하면, 약왕이여, 이런 많은 사람들은 일찍이 10만억의 부처님을 공양하고 여러 부처님 계신 데서 큰 원을 성취하고 중생을 가엾이 생각하는 마음으로 이 세상에 태어난 줄 알아야 하느니라. 약왕아, '어떤 중생이 앞으로 오는 세상에 성불하느냐' 고 묻거든 '이와 같은 여러 사람들이 미래에 반드시 성불하리라' 고 대답하라. 왜냐하면 만일 어떤 선남자·선여인이 이 『법화경』의 한 구절을 받아 가지고 읽고 외우며 해설하고 쓰거나, 이 경전에 가지가지 좋은 물건으로 공양하되 꽃과 향과 영락[3]과 말향[4]·도향[5]·소

---

3) 영락(瓔珞) : 주옥이나 꽃으로 엮어 만든 목, 팔 등에 거는 장신구이다.
4) 말향(抹香) : 말향(末香)이라고도 쓰며 침향(沈香, 팥꽃나무과의 상록교목)이다. 전단(栴檀)등을 분말로 한 것이다.

향이며, 증개[6]·당번·의복·기악 등으로 공경 합장하면, 이런 사람들은 일체 세간이 우러러 받들므로 응당 여래께 하는 공양으로 공양을 할지니라. 반드시 알아. 이런 사람은 큰 보살로 아뇩다라삼먁삼보리를 성취하였지만, 중생을 불쌍히 여기어 이 세상에 나기를 원하였으며 그리고 『묘법연화경』을 널리 분별하여 설하거늘, 하물며 받아 가지고 가지가지 좋은 물건으로 공양하는 이야 말할 것이 있겠느냐. 약왕이여, 이런 사람은 청정한 업과 보를 스스로 버리고, 내가 멸도한 후에는 중생을 불쌍히 여겨 악한 세상에 태어나서 이 경을 연설하는 줄을 알아야 하느니라. 만일 이 선남자·선여인이 내가 멸도 한 후 은밀히 한 사람을 위해서라도 법화경의 한 구절을 말해 준다면 이런 사람은 곧 여래께서 보낸 사자로 여래의 일을 행하는 줄을 알아야 하나니, 하물며 큰 대중 가운데 많은 인간을 위해 설법함이야 말할 것이 있겠느냐.

약왕이여, 만일 어떤 악인이 착하지 못한 마음으로 1겁

---

5) 도향(塗香, vilepana) : 손이나 몸에 칠하는 분말의 향으로, 6종 공구(供具)의 하나이다.
6) 증개(繒蓋) : 천증개(天繒蓋)의 준말로 천개(天蓋), 대산(大傘)이라고도 한다. 불상을 덮는 일산 또는 설법하는 이가 앉는 법상 위에 달아 놓는 산개(傘蓋)를 말한다.

동안을 부처님 앞에 나아가 항상 부처님을 욕하더라도 그 죄는 오히려 가볍지만, 만일 어떤 사람이 『법화경』을 받아 가지고 읽고 외우는 집에 있는 이나 출가한 이를 한 마디라도 헐뜯고 훼방하면 그 죄는 대단히 무거우니라. 약왕이여, 반드시 알라. 이 법화경을 받아 가지고 읽으며 외우는 사람은 부처님의 장엄으로 스스로 장엄함과 같으니, 여래의 어깨에 실린 바가 되어 그가 이르는 곳마다 따라 예배하며 일심으로 합장하고 공경하고 공양하며 존중·찬탄하기를, 꽃과 향과 영락이며 말향·도향·소향이며 증개·당번·의복·음식과 여러 가지 기악으로 인간 중에 가장 높은 공양을 하며, 응당 하늘의 보배를 가져다 흩고 천상의 보배를 받들어 올리느니라. 왜냐하면 이런 사람이 환희하여 설법하면, 잠깐만 이를 들어도 곧 구경의 아뇩다라삼먁삼보리를 얻기 때문이니라."

그때 세존께서 이 뜻을 거듭 펴시려고 다음과 같이 게송으로 말씀하셨다.

부처님 도에 머물러	자연지를 이루려면
법화경을 수지한 이	부지런히 공양하고

온갖 지혜 얻으려면
이 경을 수지한 이

그 일도 마찬가지
공양하고 모실지라.

만일 어떤 사람
부처님의 사자로서

법화경을 수지하면
중생을 위하려니

이 경전 받은 이는
스스로 싫다 하고

청정한 많은 국토
이런 곳에 났느니라.

바로 알라, 이런 사람
악한 세상 태어나서

제 맘대로 나겠지만
위없는 법을 설하리니

하늘꽃과 하늘향
아름다운 보물들로

보배로운 의복들과
설법자를 공양하라.

내 멸도 후 악한 세상
세존께 공양하듯

이 경전 가진 이를
합장하여 공경하고

맛있고 좋은 음식
이 불자께 공양하고

가지가지 의복들로
잠시라도 그 법문 들을지라.

후세에 어떤 사람
내가 보낸 사자로서

이 경전 수지하면
여래의 일 행하노라.

만일 1겁 동안
부처님을 욕하면

그 마음이 악하여서
짓는 죄가 무거웁고

법화경을 받아 지녀
잠깐만 욕을 해도

읽고 외우는 이
그 죄는 더욱 크다.

불도를 구하려고
내 앞에서 합장하고

긴 세월 1겁 동안
게송으로 찬탄하면

이런 사람 얻는 공덕
경 가진 이 찬탄하면

한량이 없지마는
그 복은 더 크니라.

80억 겁 동안에
향과 음식 · 의복으로

가장 묘한 음성과
경 가진 이 공양하고

이런 공양 마친 뒤에
마음이 쾌락하여

설법 잠깐 들어도
큰 이익을 얻으리니

약왕이여, 말하노라 　　　내가 설한 여러 경전
그 가운데 『법화경』이 　　가장 제일이니라.

그때 부처님께서 약왕보살마하살에게 말씀하셨다.

"내가 설하는 경전이 한량없는 천만억으로 이미 설하기도 하였고, 지금도 설하며 앞으로도 설하겠지만, 이 『묘법연화경』이 가장 믿기 어렵고 이해하기도 어려우니라.

약왕이여, 이 경전은 여러 부처님께서 비밀하고 중요하게 생각하시는 바이니 분포하여 함부로 설해 주지 말라. 이 경전은 또 여러 부처님께서 지극히 수호하시느니라. 옛날부터 지금까지 아직 나타내어 설하지 않는 것은 여래께서 세상에 계실 때에도 원망과 질투가 많았던 까닭인데, 하물며 멸도하신 뒤에야 더 말할 것이 있겠느냐.

약왕이여, 반드시 알라. 여래 멸도하신 뒤에도 이 경을 받아 가지고 쓰거나 읽으며 외우고 공양하며 다른 사람을 위하여 설하는 이는, 여래께서 곧 옷으로 덮어줄 것이며 또 타방 세계에 계신 여러 부처님으로부터 보호를 받으리라. 이런 사람은 큰 신력[7]과 지원력[8]과 여러 가지 선근력[9]이 있나니, 이런 사람은 여래와 더불어 자며, 여래께서 손으로 그의 머리를 어루만지는 것과 같으니라.

약왕이여, 어느 곳이거나 혹은 설하고 혹은 읽거나 혹은 외우고 혹은 쓰며 혹은 경권이 있는 곳이거든. 다 칠보의 탑을 일으키되 극히 높고 넓게 하여 장엄하게 꾸미고, 다시 사리를 봉안할 것이 없느니라. 왜냐하면 이 가운데는 이미 여래의 전신이 있기 때문이니라. 그러므로 이 탑의 일체의 꽃·향·영락·일산·당번·기악·노래 등으로 공양하고 공경하며 존중하고 찬탄할 것이니, 만일 어떤 사람이 이 탑을 보고 예배하고 공양하면 이런 사람은 벌써 아뇩다라삼먁삼보리에 가까운 사람인 줄 알아야 하느니라.

약왕이여, 많은 사람이 집에 있거나 또는 출가하여 보살의 도를 행할 적에 만일 이 법화경을 보고 듣고 읽고 외우며 받아쓰고 공양하지 아니하면 이런 사람은 보살의 도를 잘 행하지 못하는 사람이며, 만일 이 경전을 얻어듣는 이는 능히 보살의 도를 잘 행하는 사람인 줄 알아야

---

7) 신력(信力, śraddhā-bala) : 부처님에 대한 굳은 귀의를 의미한다. 믿음을 힘으로 간주하여 말하고 5력(五力)의 하나이다. 신념, 신해(信解), 신앙의 힘 또는 믿는 힘, 믿음에 의해 생겨나는 작용, 신심에서 솟구쳐 나오는 작용을 뜻한다.
8) 지원력(志願力) : 뜻과 원을 굳게 세워서 얻는 힘이다.
9) 선근력(善根力) : 선한 행위를 하는 데서 오는 힘이다.

하느니라. 중생 가운데 부처님의 도를 구하는 이가 이 법화경을 보고 혹은 들으며 혹은 듣고 믿어서 이해하면 이런 사람은 아뇩다라삼먁삼보리에 가까운 줄 알아야 하느니라.

약왕이여, 비유하면 어떤 사람이 목이 말라 물을 구하려고 높은 언덕에 우물을 팔 적에, 마른 흙이 아직 나오는 것을 보고 물이 먼 줄을 알지만, 부지런히 쉬지 않고 땅을 파서 점차로 젖은 흙이 나오고 진흙이 나오는 것을 보면, 그 마음에 물이 가까운 줄을 아는 것과 같으니라.

보살도 또한 이와 같아서 이 법화경을 아직 듣지 못하고 이해하지 못하며 능히 닦고 익히지 못하면 이런 사람은 아뇩다라삼먁삼보리에 아직 거리가 먼 줄 알아야 하고 만일 이 법화경을 얻어듣고 이해하여 닦고 익히는 이는 아뇩다라삼먁삼보리에 가까운 줄 알 것이니, 왜냐하면 일체 보살의 아뇩다라삼먁삼보리는 다 이 경에 속하여 있기 때문이니라. 이 경전은 방편의 문을 열고 진실한 상(相)을 보이나니, 이 법화경의 법장은 그 뜻이 깊고 굳으며, 또한 아득하게 멀어서 능히 거기에 이를 사람이 없지마는, 이제 부처님께서는 보살들을 교화하여 성취시키려고 열어 보이는 것이니라.

약왕이여, 만일 어떤 보살이 이 법화경을 듣고 놀라고 의심하여 무서워하고 두려워하면 이런 사람은 새로 마음을 낸 보살이며, 만일 성문이 이 경을 듣고 놀라고 의심하며 무서워하고 두려워하면 이런 사람은 뛰어난 체하는 사람이니라.

약왕이여, 만일 선남자[10]·선여인[11]이 여래가 열반하신 뒤 사부대중을 위하여 이 법화경을 설하려 할 때는 어떻게 설해야 하겠는가. 이 선남자·선여인은 여래의 방에 들어가 여래의 옷을 입고, 여래의 자리에 앉아 사부대중을 위하여 이 경을 널리 설할지니, 여래의 방은 일체 중생 가운데 대자비심이요, 여래의 옷은 부드럽고 화평하고 욕됨을 참는 마음이며, 여래의 자리는 일체의 공법이니, 이런 가운데 편안히 머물러 있으면서, 게으르지 않는 마음으로 여러 보살과 사부대중을 위하여 이 법화경을 널리 설할지니라.

---

10) 선남자(善男子, Kula-putra) : 본래는 좋은 집안의 자식, 불전에서는 일반적으로 고귀해서 유덕한 청년, 훌륭한 젊은이, 바른 신앙을 가진 사람을 말한다. 비구(比丘)를 선남자라고 말하지 않고 재가신자(在家信者)에 대해서 말한다.

11) 선여인(善女人, kula-duhitṛ) : 교양 있는 여인, 훌륭한 아가씨, 본래는 좋은 집안의 딸을 의미하지만 후에는 단순히 존경할 만한 여성, 훌륭한 여성이라는 정도의 의미로 되었다.

약왕이여, 그러면 내가 다른 나라에서 변화인을 보내어 그를 위해 법을 들을 대중을 모이게 하고, 또 변화된 비구·비구니·우바새·우바이들을 보내어 그 설법을 듣게 하리니, 이 변화인들이 법을 듣고 믿어 가지며 거역하지 않고 순종하여 따르리라. 만일 설법하는 이가 고요하고 한적한 곳에 있으면, 내가 그때 널리 하늘·용·귀신·건달바·아수라 등을 보내어 그 설법을 듣게 하며, 또 내가 다른 나라에 가서 있을지라도 설법하는 이로 하여금 나의 몸을 얻어 보게 하며, 또 만일 설법하다가 이 경의 구절을 잊으면 내가 알려주고 구족함을 얻게 하리라."

  그때 세존께서 이 뜻을 거듭 펴시려고 다음과 같이 게송으로 말씀하셨다.

게으른 맘 버리려면	이 경전을 들을지니
얻어 듣기 어려웁고	받아 믿기도 어렵네.
목이 마른 어떤 사람	언덕에 우물 팔새
마른 흙이 나오면	물이 먼 줄 알지만

진흙을 볼 때에는
약왕이여, 바로 알라

법화경 못 들으면
만일 듣게 되면

이 경전은 경전의 왕
이런 사람 불지혜에

이 경전 설하려면
여래의 옷을 입고

대중 가운데 두려움 없이
대자비는 방이 되고

법이 공한 것 자리가 되니
만일 이 법화경

어떤 사람 나쁜 말로
칼·막대기와 돌로

가까운 줄 아느니라.
이러한 모든 사람

불지혜에 아주 멀고
성문의 법 결정코 알리라.

잘 듣고 사유하면
가까운 줄 알 것이니

여래의 방에 들어가서
여래의 자리 앉아서

분별하여 널리 말하라.
부드럽고 참는 것은 옷이 되며

여기에 앉아 법을 말하리
설하고 분별할 때

훼방하고 욕을 하며
때리고 던지어도

지혜 신통 갖추신
그 모든 고통을

부처님 생각으로
능히 다 참아야 하느니라.

나는 천만억 국토에서
한량없는 억 겁 동안

청정한 몸 나타내어
중생 위해 설법하며

내가 멸도한 후
공양할 사부대중

이 경을 설하는 이
변화로 보내 주고

모든 중생 인도하여
모두 다 듣게 하려

그 법사가 설하는 법
그 앞에 모아 주며

나쁜 사람이 칼과 막대
변화인을 곧 보내어

돌로 때리려 하면
그로부터 보호할 것이며

설법을 하는 이가
속세를 멀리 떠나

고요한 데 홀로 있어
이 경전을 독송하면

그를 위해 나는
한 구절만 잊게 되도

청정 광명 나타내며
설하여 통해 주고

이런 덕을 갖춘 이가
고요한 곳에서 경 읽으면

사부대중에게 법 설하고
내 몸을 얻어 보며

하늘·용왕·야차·귀신
그가 설하는 법

내가 모두 보내어서
모두 다 듣게 하리니

이런 사람 설법 즐겨
부처님의 힘일러니

걸림이 없는 것은
대중을 환희케 하며

법사를 친근하면
법사 따라 배우면

보살도 빨리 얻고
많은 부처 친견하리.

11. 견보탑품(見寶塔品)

그때 부처님 앞에 칠보탑이 하나 있으니, 높이는 5백 유순이요, 넓이는 2백 5십 유순으로, 이 탑은 땅으로부터 솟아나 공중에 머물러 있었다. 그것은 가지가지 보물로 장식되어 있으며 5천의 난간과 천만의 방이 있으며, 한량없이 많은 당번을 장엄하게 꾸미고, 보배 영락을 드리우고 보배 방울을 또 그 위에 수없이 달았으며, 그 사면에는 다마라발전단향을 피워 향기가 세계에 가득하고, 모든 번개는 금·은·유리·자거·마노·진주·매괴 등 칠보를 모아 이루니, 그 탑의 꼭대기는 사천왕궁에까지 이르렀다. 삼십삼천[1]은 하늘의 만다라꽃을 비내리듯 내리어 그 보배탑에 공양하고, 그 밖에 하늘·용·야차·건달바·아수라·가루라·긴나라·마후라가·사람인 듯 아닌 듯한 천만억의 중생들은 온갖 꽃과 향과 영락과 번개와 기악들로 그 보배탑을 공양하며 공경하고

---

[1] 삼십삼천(三十三天) : 6욕천의 하나로 수미산(須彌山)의 정상에 있는 하늘이다. 중앙에 제석천(帝釋天)이 있고 정상 사방으로 8명의 천인(天人)이 있으므로 합해서 33천(天)이 된다. 도리천(忉利天)이라고도 하는데 베다신화에서 신들은 33인이 있다고 생각하였던 관념을 받아들인 것이다.

존중하며 찬탄하였다.

이때 보배탑 가운데서 큰 음성으로 찬탄하여 말하기를 '거룩하시고 거룩하시도다! 석가모니 세존이시여, 능히 평등한 큰 지혜로 보살을 가르치는 법이시며, 부처님께서 보호하고 생각하시는 『묘법연화경』으로 대중을 위하여 설법하시니, 이와 같이 석가모니 세존께서 하시는 설은 모두 진실이니라' 하였다.

그때 사부대중이 이 큰 보배탑이 허공 가운데 머물러 있는 것을 보고, 또 그 탑 가운데서 나는 음성을 듣고는 모두 기뻐하며, 전에 없던 일이라 이상하게 생각하고 자리에서 일어나 공경·합장하고 한쪽에 물러나 있더니, 그때 대요설(大樂說)이라 하는 보살마하살이 일체 세간의 하늘·인간·아수라 등이 마음에 의심하는 것을 알고 부처님께 여쭈었다.

"세존이시여, 무슨 인연으로 이런 보배탑이 땅으로부터 솟아났으며, 또 그 가운데서 그와 같은 음성이 나오나이까."

그때 부처님께서 대요설보살에게 말씀하셨다.

"이 보배탑 가운데는 여래의 전신이 계심과 같나니, 오랜 과거에 동방으로 한량없는 천만억 아승지 세계를 지나서 보정(寶淨)이라 하는 나라가 있었으며 그 나라에 부처님이 계셨으니, 그 이름이 다보(多寶)이었느니라. 그 부처님께서 보살도를 행할 때 큰 서원을 세우기를, '내가 만일 성불하여 멸도 한 후 시방 국토에 법화경을 설하는 곳이 있으면, 나의 탑은 이 법화경을 듣기 위하여 그 앞에 나타나 증명하고, 거룩하다고 찬양하리라' 하였느니라. 그 부처님께서 도를 이룬 뒤 멸도 할 때에 이르러, 하늘과 인간 가운데서 여러 비구들에게 말하기를 '내가 멸도 한 후 나의 전신에 공양을 하려는 이는 마땅히 하나의 큰 탑을 일으켜 세우라' 고 하였느니라. 그 부처님께서 신통한 원력을 가지어 시방 세계 먼 곳에서나 법화경을 설하는 이가 있으면 그 보배탑이 모두 그 앞에 솟아나서 탑 가운데 전신이 있어 찬탄하여 거룩하다고 말하리라.

대요설아, 지금 다보여래의 탑도 이 법화경을 들으려고 땅으로부터 솟아나 거룩하다고 찬탄하느니라."

이때 대요설보살이 여래의 신통한 힘으로 부처님께 여쭈었다.

"세존이시여, 저희들이 이 부처님의 전신을 뵙기 원하나이다."

부처님께서 대요설보살 마하살에게 말씀하셨다.

"이 다보불은 마음에 깊은 소원이 있으니 만일 그의 보탑이 법화경을 듣기 위하여 우리 부처님 앞에 솟아나서 사부대중들에게 그 속에 있는 몸을 나타내 보이려고 할 때에는, 시방 세계에 있는 내 분신의 모든 부처님을 설법으로 다 모음 뒤에야 보이느니라.

대요설아, 시방 세계에 있는 나의 분신은 모든 부처님을 지금 설법으로 마땅히 모이게 하리라."

대요설이 부처님께 여쭈었다.

"세존이시여, 저희들이 또한 세존의 분신 부처님들을 친견하고 예배하고 공양하고자 하나이다."

그때 부처님께서 백호의 한 광명을 놓으시니, 곧 동방 5백만억 나유타 항하의 모래 같이 많은 국토에 있는 여러 부처님을 볼 수 있거늘, 그 여러 국토는 땅이 파려로 되고, 보배 나무와 보배 옷으로 장엄되었으며, 한량없이 많은 천만억 보살이 그 가운데 충만하고, 보배 장막이 둘러쳐 있었다. 보배 그물을 위에 덮었고, 그 국토의 부처님들은 크고 미묘한 음성으로 법을 설명하여, 또 한량없이 많은 천만억 보살이 국토마다 가득하여 중생을 위하여 설법하는 것도 보았으며, 남·서·북방과 사유·상하 어느 곳이나 백호의 광명이 비치는 곳은 모두 이와 같았다.

그때 시방의 여러 부처님이 보살들에게 말씀하셨다.

"선남자야, 내가 이제 석가모니불이 계신 사바세계에 가서 공양하고, 아울러 다보여래의 보배탑에도 공양하리라."

이때 사바세계는 곧 청정하게 변하여, 유리로 땅이 되고 보배 나무로 장엄되며 황금 줄을 드리워 8도를 경계하고, 여러 가지 작은 촌락이나 성읍이나 큰 강·내·바다나 산이나 수풀이 없어지며, 큰 보배의 향을 피우고 만다라 꽃을 그 땅위에 두루 덮고, 위로는 보배 그물과 장막을 치고 여러 가지 보배 방울을 달아놓고, 다만 이 회중만은 그 가운데 머무르게 할 뿐, 하늘이나 인간들은 다른 땅으로 옮기었다.

이때 여러 부처님들이 각각 하나의 큰 보살의 사자를 데리고 사바세계에 이르러 보배 나무 아래마다 앉으시니, 그 하나 하나의 보배 나무는 높이가 5백 유순이며 가지와 잎과 꽃과 열매가 모두 차례대로 장엄되었다. 그 많은 보배 나무 아래에는 각각 사자좌가 앉으니, 그 높이가 5유순으로 큰 보배로 꾸미어졌고, 오신 여러 부처님들이 이 자리에 가부좌를 틀고 앉으실 때, 이와 같이 전전하여 3천 세계가 가득 찼지만 석가모니불의 한쪽 방위 분신불도 못 되었다.

그때 석가모니불께서는 분신의 모든 부처님을 앉게 하시려고 8방으로 각각 2백만억 나유타 국토를 다시 청정케 하셨다. 지옥·아귀·축생·아수라는 없어지고 모든 하늘과 인간은 다른 땅으로 옮겨지며, 그 변화된 땅은 유리로 만들어지고 보배 나무로 장엄되니, 그 나무의 높이는 5백 유순의 높이로 역시 갖가지 보물들로 장식되었으며, 큰 바다와 강과 하천이 없으며, 목진린타산[2]도 마하목진린타산도 없고, 철위산[3]도 대철위산과 수미산[4] 등의 여러 산왕[5]이 없어, 한 개의 불국토로 통일하였다. 그 보

---

2) 목진린타산(目眞隣陀山, Mucilinda) : 목린산(目隣山)이라고도 하며, 그곳에 살고 있는 용왕의 이름을 따서 산 이름으로 삼은 것이다.
3) 철위산(鐵圍山, cakravāḍa-parvata) : 철륜위산(鐵輪圍山)이라고도 한다. 불교의 세계설에서는 수미산을 중심으로 9산(山) 8해(海)가 이 것을 둘러싸는데, 그 가장 바깥쪽의 철로 된 산을 이르고, 특히 그 외 바닷속에 있는 것이 우리들이 사는 세계인 염부제주(閻浮提洲)라고 한다. 또 삼천 세계 각각을 하나의 철위산이 둘러싸고 있다고 하는 설도 있다. 현장(玄奘)은 철륜위산이라고 번역한다.
4) 수미산(須彌山, sumeru) : 묘고산(妙高山)이라고도 한다. 불교의 우주관에 의하면 세계의 중심에 높이 솟은 거대한 산이다. 대해(大海)속에 있고 금륜(金輪)위에 있으며 그 높이는 수면에서 8만 요쟈나(由旬, yojana)이며 구산팔해(九山八海)가 둘러싸고 있다. 그 주위가 해와 달이 돌고 육도(六道), 제천(諸天)은 모두 그 측면 또는 위쪽에 있다. 그 정상에 제석천이 사는 궁전이 있다고 한다.
5) 산왕(山王) : 산중에서 가장 큰 것을 말한다.

배 땅은 평탄하고 보배 장막을 그 위에 덮었으며, 여러 가지 번개를 달고 큰 보배의 향을 피웠으며, 많은 하늘의 보배 꽃은 그 땅을 두루 덮었다.

　석가모니불께서는 또 여러 부처님들이 와서 앉게 하려고 다시 8방으로 각각 2백만억 나유타 국토를 모두 청정케 하시니 지옥·아귀·축생·아수라가 없고, 또 모든 하늘과 인간을 다른 나라에 옮겨 두었다. 또한 그 변화된 국토의 땅은 유리로 되고 보배 나무로 장엄되었으며, 높이가 5백 유순이나 되는 그 보배 나무는 가지와 잎과 꽃과 열매가 차례대로 장엄되었다. 나무 아래에는 높이 5유순이 되는 보배로 된 사자좌가 있으니, 역시 큰 보배들로 꾸미었으며, 또 큰 바다·강·하천이 없고, 목진린타산·마하목진린타산·철위산·대철위산·수미산 등의 여러 산왕이 없어, 하나의 불국토로 통일되었다. 땅은 평탄하고 보배장막이 그 위를 덮었으며, 많은 번개를 달고 큰 보배 향을 피우며, 많은 보배 꽃으로 그 땅을 두루 덮었었다.

　그때 동방으로 백천만억 나유타 항하의 모래 같은 불국토 가운데 계시는 석가모니불의 분신 부처님들이 설법을 하면서 여기 모여 왔으며 이렇게 하여 시방의 모든 부처님들이 와서 8방에 앉을 때 그때 하나 하나의 방위 4

백만억 나유타 국토에 많은 부처님 여래가 가득하게 찼었다. 그 여러 부처님은 각각 보배나무 아래에 있는 사자좌에 앉으시어, 데리고 온 사자를 석가모니불께 보내며 보배 꽃과 문안을 일러주었다.

"선남자야, 너는 기사굴산의 석가모니불이 계신 곳에 가서 이렇게 말하라. '병도 없으시고 고뇌도 없으시어 기력이 안락하시며, 보살과 성문 대중도 모두 안온하시나이까' 하고. 그리고 이 보배 꽃을 흩어 부처님께 공양하고 또 말하기를 '저 아무 부처님이 이 보배 탑을 열어주시옵소서' 한다고 여쭈어라"

또한 여러 부처님도 각각 사자를 보내어 이렇게 하니 그때 석가모니불께서 분신의 모든 부처님이 다 모여 각각 사자자리에 앉아 있는 것을 보시고, 또 그 부처님이 다 같이 보배 탑 열어 주기를 원하는 것을 들으시고, 곧 자리에서 일어나 허공 가운데 머무르시므로, 모든 사부대중이 일어나 일심으로 합장하며 우러러보았다. 이에 석가모니불께서 오른손가락으로 칠보탑의 문을 여시니, 큰 성문의 자물쇠가 풀리어 열리는 것과 같이 큰 소리가 났다. 그때 거기 모인 모든 대중들은 보배 탑 안의 사자자리에 산란치 않으시고 선정에 드신 다보여래를 보며,

또 그의 음성을 듣고 '거룩하시고 거룩하시도다! 석가모니불께서 이 법화경을 쾌히 설하시니 이 경을 듣기 위하여 이곳에 이르렀노라'고 하였다.

그때 사부대중들이 한량없는 천만억 겁의 오랜 과거에 멸도하신 부처님께서 이와 같이 말씀하시는 것을 듣고 미증유라 찬탄하며, 하늘의 보배 꽃을 다보불과 석가모니불의 위에 흩었다.

그때 보배 탑 가운데 계신 다보불께서 자리를 반으로 나누어 석가모니불께 드리고 이렇게 말씀하셨다.

"석가모니불께서는 이 자리에 앉으소서."

그러자 곧 석가모니불께서 그 탑 가운데로 드시어, 그 반으로 나눈 자리에 가부좌를 틀고 앉으셨다.

그때 대중들은 두 여래께서 칠보탑 가운데 있는 사자 자리에 가부좌를 틀고 앉으신 것을 보고 생각하기를 '부처님의 자리가 매우 높고 멀도다. 여래께 원하오니 신통력을 쓰시어 우리들로 하여금 허공에 머물도록 하여 주시옵소서' 하니 곧 석가모니불께서 신통력을 나타내시어 대중들을 허공 가운데 모두 이끌어 올리시고, 큰 음성으로 사부대중에게 널리 말씀하셨다.

"누가 능히 이 사바세계에서 『묘법연화경』을 설하겠느

냐. 지금이 바로 이 경을 설할 때이니라. 여래는 오래지 아니하여 열반에 들것이니 이 『묘법연화경』을 부촉⁶⁾하려고 여기에 있느니라."

그때 세존께서 이 뜻을 거듭 펴시려고 다음과 같이 게송으로 말씀하셨다.

거룩하신 세존께서	열반한 지 오래지만
보탑 가운데 계시면서	법을 위해 오시거늘
어찌하여 중생들은	법 구하려 않는건가
이 부처님 멸도하심	무수하게 오래이나
그 부처님 본래 소원	내가 멸도한 후
어디든지 찾아가서	법 들으려 하느니라.
또 하나의 분신으로	항하의 모래같이
한량없는 여러 부처	법 들으러 여기 오고

---

6) 부촉(付囑) : 다른 이에게 부탁하고 위촉했다는 뜻으로, 부처님은 설법한 뒤에 청중 가운데서 어떤 이를 가려내어 그 법의 유통(流通)을 촉탁하는 것이 상례(常例)이다. 이것을 촉루(囑累)·누교(累敎)등이라 한다.

오랜 옛날 멸도하신　　　　　　다보여래 뵈오려고
미묘한 장엄 국토　　　　　　　하나 없이 다 버리고

제자들과 하늘 인간　　　　　　용과 귀신의 여러 공양
싫다하고 법 구하려　　　　　　이곳에 왔느니라.

오신 부처 앉게 하려　　　　　　신통력을 또한 써서
무량 중생 옮기시고　　　　　　국토를 청정케 해

보배 나무 아래마다　　　　　　계시는 많은 부처
청정한 연못 위에　　　　　　　연꽃을 장엄한 듯

보배 나무 아래마다　　　　　　사자좌에 앉은 부처
광명으로 장엄함이　　　　　　어둔 밤의 큰 불 같고

몸에서 나는 묘한 향기　　　　　시방 세계 두루하니
중생들 향기 맡고　　　　　　　기뻐하는 그 마음

큰 바람이 작은 가지　　　　　　불어 흔드는 것 같이
이런 방편으로써　　　　　　　법 오래 머물게 하리.

대중들께 말하노니　　　　내가 멸도한 후
누가 이 경 받아　　　　　능히 읽고 설할거냐.

지금 부처님 앞에　　　　스스로 선서하라
저기 계신 다보불도　　　멸도한 지 오래이나

크게 세운 서원으로　　　사자후[7]를 설하시니
다보불과 나의 몸과　　　화신불[8]만 이 뜻 아노라.

여러 불자들아　　　　　누구든지 법 받들면
큰 발원을 세워서　　　　오래도록 머물지니

이 경법 받아 지녀　　　능히 읽고 보호하면
나와 다보불게　　　　　공양함이 되느니라.

---

7) 사자후(獅子吼) : 사자가 울부짖는 것 같이 법을 설하는 것, 부처님의 설법을 사자왕이 울부짖으면 백수가 두려워 따른다는 것에 비유한 말이다. 스스로 불도를 말하는데 있어서 사자가 한번 포효하면, 백수가 모두 따르듯이 다른 여러 가지 이학설(異學說)을 두려워 하지 않는 모습이다.
8) 화신불(化身佛) : 법신(法身)·보신(報身)·화신(化身) 즉 삼신(三身)중의 하나로, 중생을 교화하고 구원하기 위해 나타나는 부처님이다.

보배탑의 사자좌에 항상 계신 다보불은
이 경전 듣기 위해 시방 세계 출현하며

오신 모든 화불 광명으로 여러 세계
장엄하게 꾸미는 이 이런 이를 공양하며

만일 이 경 설하면 나의 몸과 다보여래
그리고 모든 화불 다 함께 친견하리.

여러 선남자들아 이것은 어려운 일
각기 깊이 생각하여 큰 발원을 세울지니

이밖에 여러 경전 항하사 같은 수를
모두 다 설하여도 이보다는 쉬우니라.

그렇게 큰 수미산을 타방의 불국토에
멀리 던져 놓는대로 어려운 일 그 아니며

만일 발가락 하나로 삼천 대천 큰 세계를
멀리 들어 놓는 일도 어려울 것 하나 없고

유정천에 올라서서
다른 경전 연설해도

한량없는 중생들에게
어려울 것 없지마는

부처님 멸도 후에
이 경전 설하는 일

악한 세상에 태어나
이것이 어렵노라.

가령 어떤 사람
그 가운데 거닐어도

허공을 휘어잡고
어려운 일 그 아니고

내가 멸도한 후
다른 사람 시키는 일

스스로 써서 갖거나
이런 것은 어려우며

어떤 사람은 큰 땅덩이
범천까지 오른대도

발톱 위에 올려 놓고
어려운 일 아니지만

부처님 멸도한 후
이 경 잠시 읽는 일

악한 세상에 태어나
이것은 어려운 일

마른 풀을 짊어지고
몸을 비록 안 태워도

불속으로 뛰어 들어
어려운 일 아니지만

내가 멸도한 후	이 경을 받아 지녀
한 사람에게 설하여도	그 일은 어려우며

8만 4천 법장	그리고 십이부경[9]을
모두 다 받아 지녀	인간 위해 연설하고

그를 들은 중생들이	육신통을 다 얻도록
교화하고 인도해도	어려운 일 아니지만

내가 멸도한 후	이 경전 받아 들고
그 뜻을 묻는 일	이가 곧 어려우며

---

9) 십이부경(十二部經, dvādaśa-aṅga-dharma-pravacana) : 불전(佛典)의 서술형 또는 내용으로부터 12가지로 분류한 것이다. 각 경전에 따라 내용·순서는 조금씩 다른데 ① 수다라(須多羅) : 계경(契經), 또는 경(經) ② 기야(祇夜) : 응송(應頌) 또는 중송(重頌) ③ 가타(伽陀) : 풍송(諷頌) 또는 고기송(孤起頌) ④ 니타나(尼陀那) : 인연(因緣) ⑤ 이제목다가(伊帝目多伽) : 본사(本事) ⑥ 사다가(闍多伽) : 본생(本生) ⑦ 아부달마(阿浮達磨) : 미증유(未曾有) ⑧ 아파타나(阿波陀那) : 비유(譬喻) ⑨ 우바제사(優婆提舍) : 논의(論議) ⑩ 우타나(優陀那) : 자설(自說) ⑪ 비불략(秘佛略) : 방광(方廣) ⑫ 화가라(和伽羅) : 수기(修記)의 12가지이다. 이것으로 부처님의 가르침을 전부 정리한 것이 된다. 어떤 경우에는 십이부경(十二部經)을 문(文)·가(歌)·기(記)·송(頌)·비유(譬喻)·본기(本記)·사해(事解)·생전(生傳)·광박(廣博)·자연(自然)·도행(道行)·양현(兩現)으로 한다.

한량없고 수가 없는
그 많은 중생들께

천만억의 항하 모래
설법하고 교화하여

아라한과 얻게 하고
비록 이익 말하지만

육신통을 갖춰 주며
이런 일도 어렵잖고

내가 멸도한 후
받들고 지니는 일

이런 경전 능히 받아
이가 곧 어렵노라.

내가 불도 위해
처음부터 지금까지

무량한 국토마다
여러 경전 설하였으나

그 가운데 이 경전이
능히 받아 지니면

참되고 제일이니
부처님을 받드는 일.

여러 선남자야
누가 능히 이 경전을

내가 멸도한 후
수지하고 독송할까.

누구든지 이러한 일
부처님 앞에 나와

하려는 뜻 가진 이는
스스로 선서하라.

수지하기 어려운 경 잠시라도 수지하면
내 마음과 여러 부처 모두 다 환희하리니

이와 같은 사람은 부처 칭찬 받을지니
이가 곧 용맹이며 범행 닦는 정신이요

이 이름이 지계며 두타행[10]을 닦음이니
위없는 부처님 도 더욱 빨리 이룰지며

앞으로 오는 세상 이 경전 수지하면
이런 이가 참된 불자 좋은 땅에 머무르며

---

10) 두타행(頭陀行, dhūta) : 불교수행자가 의식주(衣食住)에 대한 탐착을 버리고 수행하는 것이다. 두수(杜藪), 수치(修治), 기제(棄除)라고 옮기는데 '번뇌의 때를 떨어버린다' 라는 의미이다. 두타는 초기불교 이래 무소유, 무집착, 인욕을 체득하기 위해 불교수행자들이 닦아온 수행법인데 모두 12가지가 있다. ① 산림과 황야에서 생활한다.(在阿蘭若處) ② 항상 걸식한다.(常行乞食) ③ 빈부를 차별하지 않고 차례대로 걸식한다.(次一食法) ④ 하루 한 때만 먹는다.(受一食法) ⑤ 음식에 욕심 내지 않는다.(節食) ⑥ 오후에는 주스나 우유도 마시지 않는다.(中後不得飮獎) ⑦ 사람들이 쓰고 버린 천으로 옷을 만들어 입는다.(著弊衣) ⑧ 다만 세 가지 가사만을 소지한다.(但三衣) ⑨ 묘지에서 산다.(塚間住) ⑩ 나무아래 산다.(樹下住) ⑪ 지붕이나 벽이 없는 야외에서 산다.(露地住) ⑫ 다만 앉기만 할 뿐 눕지 않는다.(但坐不臥)

부처님 멸도한 후　　　　　그 뜻을 이해하면
이런 사람 하늘 인간　　　　세간의 눈이 되며

두려운 세상에서　　　　　잠깐만 설하여도
일체 하늘 인간　　　　　　모두 다 공경하리.

12. 제바달다품(提婆達多品)

그때 부처님께서 여러 보살과 하늘과 인간과 사부대중에게 말씀하셨다.

"내가 지난 과거 한량없는 겁 동안 법화경을 구할 적에 게으른 마음이 없었으며, 또 많은 겁 동안 국왕으로 있으면서 발원하여, 위없는 보리[1] 구할 때에도 마음이 물러나지 아니하였느니라. 또 육바라밀을 만족하려고 보시를 부지런히 행할 적에도 인색한 마음이 없어, 코끼리·말·칠보·국토·처자·남종·여종들과 머리·얼굴·몸·수족들을 아끼지 아니하였느니라. 그때 세상 사람들 수명은 한량이 없었지만, 법을 구하기 위하여 국왕을 버리고, 정사를 태자에게 물려주고 북을 높이 치며 사방에 영을 내리기를 '누가 능히 나를 위하여 대승법을 설하겠느냐. 만일 그런 이가 있으면 나는 종신토록 받들어 모시리라' 하였느니라. 바로 그때 한 선인이 왕을 찾아와서

---

1) 보리(菩提, bodhi) : 지(智)·도(道)·각(覺)이라 한역하며 부처님의 정각(正覺)의 지(智), 깨달음, 정지(正智)의 작용이다. 깨달음의 지혜, 미혹으로부터 눈뜬 것으로 지혜의 작용에 의해 무명(無明)이 없어진 상태를 말한다. 즉 번뇌를 끊고 얻은 열반을 말하며 열반에 이르는 인(因)으로서의 도(道)를 말한다. 흔히 불도의 뜻으로 쓰인다.

하는 말이 '나에게 『묘법연화경』이라 하는 대승경이 있으니, 만일 나의 뜻을 어기지 아니하면 마땅히 설법하리라' 하니, 선인의 말을 들은 왕은 환희하고 용약하여 곧 선인을 따라 받들고 모시되 과일도 따고 물도 길며, 땔나무도 해오고 밥을 지으며 혹 몸으로 그의 앉는 자리가 되어도 신심이 게으르지 않고 받들어 모시기를 천년 동안 하였으나, 법을 구하려는 까닭에 오히려 부지런히 모시어 조금도 부족함이 없게 하였느니라."

그때 세존께서 이 뜻을 거듭 펴시려고 다음과 같이 게송으로 말씀하셨다.

내 생각하니 지나간 겁에
세상 국왕 되었으나

큰 법을 구하려고
오욕락을 탐하지 않고

큰 법을 찾으려고
나를 위해 설법하면

사방에 북을 칠새
그의 노복이 되리라.

그때에 아사[2] 선인
내가 가진 미묘한 법

대왕 앞에 하는 말
세간에 희유하다.

만일 그 법 수행하면 　　너를 위해 설한다고
국왕이 그 말 듣고 　　　마음 크게 환희하여

그 선인 즉시 따라 　　　모시고 받들어서
나물 캐고 나무하고 　　과일 따고 물을 길어

밥을 짓고 빨래하고 　　온갖 일을 보살필새
미묘한 법 뜻을 두니 　　신심이 가벼워라.

여러 중생 위하여서 　　부지런히 구하는 법
나의 욕심 채우거나 　　오욕락이 아니므로

큰 나라 왕이 되어서도 　이런 법을 구하여서
마침내 성불하여 　　　　너를 위해 설하노라.

부처님께서는 여러 비구들에게 말씀하셨다.

그때의 왕은 지금의 내 몸이며, 선인은 저 제바달다[3]

---

2) 아사(阿私, asita) : 아사선(阿私仙), 아사타(阿私陀·阿斯陀) 등으로도 쓰며, 무비(無比)·단왕(端王)이라고 번역한다. 과거세에 석존을 위해 『법화경』을 설한 사람, 혹은 석존이 태어날 때 정반왕궁의 재상(宰相)을 말한다.

였느니라. 제바달다는 선지식[4]이었으므로, 나로 하여금 육바라밀·자비희사[5]·삼십이상·팔십종호·금색의 몸과 십력·사무소외와 사섭법[6]과 십팔불공법과 신통력을

---

3) 제바달다(提婆達多, Tevadatta) : 제바달도(提婆達兜)·제바달다(禘婆達多)·제바달(提婆達)·조달(調達)이라고도 하며, 번역하여 천열(天熱)·천수(天授)·천여(天與)라고 한다. 곡반왕(斛飯王)의 아들, 난타(難陀)의 아우, 석존의 사촌아우로 석존이 성도한 뒤에 출가하여 제자가 되었다. 어려서부터 욕심이 많아 출가 전에도 싯달타태자와 여러 가지 일에 경쟁되어 대항한 일이 많았다. 출가 후에는 부처님의 위세를 시기하여 아사세왕과 결탁하여 부처님을 없애고 스스로 새로운 부처가 되려다가 이루지 못하고, 마침내 5백 비구를 규합하여 일파를 따로 세웠다. 그 뒤 아사세왕은 그 당파에서 떠나고 5백 비구도 부처님에게 다시 돌아왔으므로 제바는 고민하던 끝에 죽었다고 한다.

4) 선지식(善知識, kalyāṇa-mitra) : 훌륭한 스승, 훌륭한 지도자 또는 훌륭한 지식을 가진 사람으로 가르침을 설명하고 불도(佛道)에 들어가게 하는 사람이다. 본래의 뜻은 '내가 잘 아는 사람, 우인(友人), 지기(知己)'의 뜻이 있었다. 선종에서는 좋은 지도자로서 바르게 이끄는 사람인 사가(師家)를 말한다.

5) 자비희사(慈悲喜捨, ´mahāmaitrī-mahākaruṇā-mahāmuditā-mahopekṣā) : 큰 자애, 큰 동정공감, 큰 희열, 큰 평정의 이 4가지는 사무량심(四無量心) 또는 사범주(四梵住)로 불린다. 일반적으로 즐거움을 주는 것이 자(慈), 고통을 없애는 것이 비(悲), 다른 사람이 즐거움을 얻는 것을 보고 기뻐하는 것이 희(喜), 마음의 평등한 상태가 사(捨)로 일컬어진다.

6) 사섭법(四攝法) : 보살도를 닦는 수행자가 일체중생에게 친애하는 마음을 일으켜 네 가지의 섭수법(攝受法)으로 중생을 불도(佛道)로 인도하는 것이다. ① 보시섭(布施攝) : 중생에게 재물과 진리의 말씀을 베푸는 것. ② 애어섭(愛語攝) : 부드러운 말을 하는 것. ③ 이행섭(利行攝) : 중생을 이익케 하는 여러 가지 행위. ④ 동사섭(同事攝) : 중생을 가까이하여 중생과 함께 일하면서 중생을 이끄는 행위.

구족하여 등정각을 이루고 널리 중생을 제도케 하였느니라.

이제 너희 사부대중에게 말하노라. 이 제바달다는 한량없이 오랜 겁을 지나서 반드시 성불하리니, 그 이름은 천왕여래(天王如來)·응공·정변지·명행족·선서·세간해·무상사·조어장부·천인사·불세존이며 그 세계의 이름은 천도(天道)이니라. 그때 천왕불이 세상에 머물기는 20중겁으로 널리 중생을 위하여 미묘한 법을 설하면, 항하의 모래 같은 많은 중생이 아라한과를 얻고, 또 한량없는 중생은 연각심을 내며 다시 항하의 모래같이 많은 중생이 위없는 도의 마음을 내어 무생인[7]을 얻고 물러남이 없으리라. 천왕불이 열반한 뒤에는 정법이 20중겁을 세상에 머물 것이며, 전신사리[8]로 칠보탑을 세우리니 높이는 60유순이며 넓이는 40유순이다. 모든 하늘과 인간들이 여러 가지 꽃과 말향·소향·도향과 의복·영락·당번·보개의 번개와, 기악과 가무로써 칠보의 미묘한

---

[7] 무생인(無生忍, vaivārtika-kṣānti) : 무생법인(無生法忍)의 약어이다. 불생(不生)의 진리를 깨닫고, 분명히 알아, 마음을 편안히 하는 것과 절대불변의 진리를 깨달은 평안함과 진여(眞如)의 깨달음이다.
[8] 전신사리 : 보통은 쇄신(碎身)사리라고 한다. 크기도 작고 얼마 되지 않지만 부처님은 몸 전체가 사리였다고 한다.

탑에 예배하고 공양하며 한량없는 중생들은 아라한과를 얻고 또 한량없이 많은 중생들이 벽지불을 깨닫고, 불가사의한 중생이 보리심을 내어 물러나지 아니하리라."

부처님께서는 비구들에게 말씀하셨다.

"앞으로 오는 세상에 만일 선남자·선여인이 이『묘법연화경』의 제바달다품을 듣고 마음이 청정해지며, 믿고 공경하여 의혹심을 내지 않는 이는 지옥이나 아귀·축생의 어느 곳에서든지 항상 이 경을 듣게 되고, 만일 인간이나 천상 가운데 나면 연꽃으로 생겨나리라."

그때 하방 세계에서 다보세존을 따라온 지적보살이 다보불께 인사하고 그의 본국으로 돌아가려 하니 석가모니불께서 지적에게 말씀하셨다.

"선남자야, 잠깐만 기다리라. 여기에 문수사리라고 이름하는 한 보살이 있으니 서로 만나보고 미묘한 법을 논하고 말한 뒤에 그대의 본국에 돌아가거라."

그때 문수사리는 큰 수레와 같은 많은 연꽃 위에 앉고, 함께 오는 보살들도 또한 보배의 연꽃 위에 앉아 큰 바다의 사갈라용궁[9]으로부터 저절로 솟아 허공에 머물더니,

---

9) 사갈라(娑竭羅)용궁 : 바다에 있는 용궁으로, 사갈라는 큰 바다라는 뜻이다.

영취산[10] 위로 내려와, 부처님 앞에 이르러 머리 숙여 세존께 경례하고는 지적보살이 있는 곳으로 가서 서로 위문하고 한쪽에 물러나 있으니 지적보살이 문수사리에게 물었다.

"인자께서 용궁에 가서 교화한 중생은 얼마나 되나이까."

문수사리가 대답하였다.

"그 수는 한량이 없어 헤아릴 수 없으며, 말로 할 수도 없고 생각으로 측량할 수도 없으나, 잠깐 기다리시면서 스스로 증명하고 알 수 있으리다."

문수사리의 이 말이 채 끝나기도 전에 한량없는 보살이 보배의 연꽃 위에 앉아 바다로부터 솟아나서 영취산 허공 중에 머무니 이 많은 보살은 모두 문수사리께서 교화한 것으로, 보살의 행을 갖추어 육바라밀을 서로 논설하였다. 본래 성문이던 사람은 허공에서 성문의 행을 설하고, 이제는 모두 대승의 빈뜻을 닦고 행하니, 문수사리는 지적보살에게 바다에서 자기가 교화한 일이 이와 같

---

10) 영취산(靈鷲山, Gṛdhrakūṭa-parvata) : 기사굴산(耆闍堀山)이라고 음역하며, 영(靈)은 높여서 붙인 말이다. 석존설법(釋尊說法)의 땅으로 유명한데,『법화경』『무량수경』등도 여기에서 설법되었다고 한다. 마가다국, 왕사성(王舍城)의 동북에 있다.

다고 말하였다.

그때 지적보살이 게송을 읊었다.

크신 지혜 크신 위덕　　　　위대하신 용맹으로
무량 중생 교화하심　　　　나와 대중 보았나니

실상[11]의 뜻 연설하고　　　　일승법을 열어 보여
인도한 많은 중생　　　　　보리 이뤄 주셨도다.

문수사리가 말하였다.

"나는 바다 가운데서 오직 『묘법연화경』만을 설하였나이다."

지적보살이 또 문수사리에게 물었다.

"그 경이 매우 깊고 미묘하여 여러 경전 가운데 보배이며 세상에 희유하나니 중생들이 만일 부지런히 정진하고 이 경전을 수행하면 빨리 성불할 수 있나이까."

문수사리가 대답하였다.

"사가라 용왕에게 한 딸이 있으니, 나이 겨우 여덟 살

---

11) 실상(實相, tattvasya lakṣaṇam) : 모든 것의 있는 그대로의 진실한 모습, 진실의 본성, 진리, 참모습, 그것은 평등의 실재 즉, 상주불변(常住不變)의 이법(理法)이라고 한다.

이나 지혜가 있어 영리하고 중생의 모든 근기와 행업을 잘 알며 다라니를 얻고, 여러 부처님께서 설하신 매우 깊고 비밀한 법장을 다 수지하였다. 또한 선정에 깊이 들어 모든 법을 요달하며, 찰나 사이에 보리심을 내어 물러남이 없는 법을 얻었으며, 변재가 걸림이 없고 중생을 어린 아이처럼 사랑하고 공덕을 구족하였다. 마음으로 생각하고 입으로 연설함이 미묘하고 광대하여 자비롭고 어질며 그 뜻이 부드러워 능히 보리의 지위에 이르렀나이다."

지적보살이 다시 말하였다.

"내가 보니 석가모니불께서는 한량없는 겁 동안 어렵고 괴로운 수행을 하시고 많은 공덕을 쌓아 보리의 도를 구하시되 일찍이 쉰 일이 없으며, 삼천 대천의 큰 세계를 볼 때 아무리 작은 겨자씨만한 땅이라도 이 보살이 신명을 버리지 아니하였으나, 이것은 중생을 위한 때문이라. 이렇게 하신 뒤에 보리의 도를 이루었거늘 이제 용녀가 잠깐 동안에 정각을 이루었다는 것은 잘 믿어지지 않나이다."

그 말이 채 끝나기도 전에 용녀가 홀연히 앞에 나타나 머리 숙여 경례하고 한쪽에 물러나 있더니 게송을 읊었다.

죄와 복을 통달하여
미묘한 청정 법신

시방을 두루 보고
32상 갖추었으며

팔십 가지 좋은 상호로
하늘 인간 우러러보고

법신을 장엄하니
용과 귀신 공경하며

일체 세간 중생
미묘하고 높은 이를

한결같은 마음으로
정성껏 받드나니

보리를 이루는 일
나도 대승을 펴서

부처님만 아시려니와
고해 중생 제도하리.

그때 사리불이 용녀에게 말하였다.

"네가 오래지 않아 위없는 도를 얻겠다고 말하지만 그런 일은 믿을 수 없다. 왜냐하면 여자의 몸은 때묻고 깨끗하지 못하므로 법기[12]가 아니기 때문이다. 그런데 어떻게 위없는 도를 능히 얻을 수 있다고 말하는가. 부처님의

---

12) 법기(法器) : 법에 상응하는 능력의 자, 불법(佛法)을 수용하고 믿을 수 있는 자를 말한다. 불법을 받아 감당할 수 있는 능력의 사람, 가르침을 받기에 족한 사람을 이른다.

도는 멀기 때문에 한량없는 겁 동안 부지런히 고행을 쌓고 모든 법도를 닦아 갖춘 뒤에 이루어지는 것이요, 또한 여자의 몸은 다섯 가지의 자애가 있으니, 그 첫째는 범천왕이 될 수 없는 것이요, 둘째는 제석(帝釋)이며, 셋째는 마왕이요, 넷째는 전륜성왕이요, 다섯째는 불신(佛身)이니, 어떻게 여자의 몸으로 빨리 성불할 수 있다고 하느냐."

그때 용녀에게 한 보배 구슬이 있으니, 그 값은 삼천대천세계와 같았다. 그것을 부처님께 받들어 올리니 부처님께서 곧 받으시거늘, 용녀가 지적보살과 존자 사리불에게 말하였다.

"내가 지금 보배 구슬을 세존께 받들어 올리니, 곧 받으셨거늘 이 일이 빠르지 않나이까."

그들이 빠르다고 대답하니, 용녀가 다시 말하였다.

"여러분들은 신통력으로 성불하는 것을 보시어 이보다 더 빠를 것이나이다."

그때 모인 대중이 모두 용녀를 보니, 홀연지간에 남자의 몸으로 변하여 보살행을 갖추고, 남방의 청정한 세계에 가서 보배 연꽃에 앉아 등정각을 이루었다. 그러자 32상과 여든 가지 좋은 모양을 갖추어, 시방의 온갖 중생을 위하여 미묘한 법을 널리 연설하고 있었다.

그때 사바세계의 보살·성문과 천룡팔부[13]와 인간과 인간 아닌 것들은 그 용녀가 성불하여 그때 모인 하늘과 인간 대중에게 설법하는 것을 멀리서 보고 마음이 크게 환희하여 모두들 멀리서 경례하며, 또 한량없는 중생은 법문을 듣고 깨달아 물러나지 아니하였다. 또 어떤 무량 중생은 도의 수기를 받았으니, 그 청정한 세계는 여섯 가지로 진동하였고, 사바세계의 3천 대중은 물러나지 않는 지위에 머물렀으며, 또 3천의 대중은 보리심을 내어 수기를 얻었으며, 지적보살과 사리불과 거기에 모인 모든 대중은 아무 말 없이 받아 지니고 믿었다.

---

13) 천룡팔부(天龍八部) : 불법을 수호하는 여덟 부류의 무리이다. ① 천(天), ② 용(龍), ③ 야차(夜叉), ④ 건달바(乾闥婆), ⑤ 가루라(迦樓羅), ⑥ 아수라(阿修羅), ⑦ 마후라가(摩睺羅迦), ⑧ 긴나라(緊那羅)

13. 권지품(勸持品)

그때 약왕보살마하살과 대요설보살마하살이 2만 보살의 권속과 더불어 부처님 앞에 나와 이렇게 맹세하였다.

"원하옵나니 세존이시여, 염려하지 마시옵소서. 부처님께서 멸도하신 후에는 저희들이 이 경전을 마땅히 받들어 읽고 외우며 설하겠나이다. 뒤에 악한 세상에 중생들의 선근이 점점 줄어들어, 증상만이 늘고 이익 있는 공양을 탐내어 좋지 못한 근기가 점점 많아지고, 해탈을 멀리하여 교화하기 어려울지라도 저희들이 인욕의 힘을 크게 내어, 이 경을 읽고 외우며 쓰고 갖가지로 공양하며, 신명도 아끼지 않겠나이다."

그때 수기를 받은 5백 아라한이 부처님께 여쭈었다.

"세존이시여, 저희들도 또한 다른 국토에까지 이 경을 널리 설법할 것을 스스로 서원하나이다."

이때 수기를 받은 8천의 배우는 이와 다 배운 이가 자리에서 일어나, 부처님을 향하여 합장하고 이런 서원을 하였다.

"세존이시여, 저희들도 또한 다른 국토에까지 가서 이

경전을 설법하겠나이다. 왜냐하면 이 사바세계의 인간들은 폐악(幣惡)함이 많고 증상만을 품어, 그 공덕이 얕고 성내기를 잘하고 마음이 흐리며, 아첨하고 진실하지 못한 까닭이니이다."

그때 부처님의 이모인 마하파자파티 비구니는 아직 배우는 이와 다 배운 비구니 6천인과 더불어 자리에서 일어나 일심으로 합장하고 세존의 존안을 우러러보되, 눈을 잠깐도 깜박이지 않으므로, 이때 세존께서 교담미[1]를 보시고 말씀하셨다.

"너는 어찌하여 근심스러운 얼굴로 여래를 보느냐. 네 생각에, 내가 네 이름을 들어 아뇩다라삼먁삼보리의 수기를 주지 않을까 걱정하고 있구나 교담미야, 내가 이미 모든 성문들에게 모두 수기를 설하였거늘, 이제 네가 수기를 원한다면, 너는 장차 오는 세상 6만 8천억의 부처님 법 가운데서 큰 법사가 될 것이며, 아직 배우는 이와 다 배운 6천의 비구니도 모두 함께 법사가 되리라. 네가

---

1) 교담미(憍曇彌, Gautamī) : 교담미(喬曇彌)·구담미(俱曇彌)라고도 음역하며 명녀(明女)라 번역하기도 한다. 인도의 제2계급인 찰제리종족(王族·武士계급) 가운데 한 성(姓)이다. 본래 교답마(喬答摩)의 여성명사로서 석가족의 일반여인을 가리키는 통칭이지만 특히 석존의 이모인 마하파자파티(摩訶波闍波提)를 이렇게 일컫는다.

이와 같이 점점 보살도를 갖추어 성불하면, 그 이름은 일체중생희견여래(一切衆生喜見如來)·응공·정변지·명행족·선서·세간해·무상사·조어장부·천인사·불세존이니라. 교담미야, 이 일체중생희견불과 6천의 보살이 차례로 수기를 하여 아뇩다라삼먁삼보리를 얻으리라."

그때 라훌라의 어머니 야소다라는 생각하기를 '세존께서 수기를 주시면서 내 이름만 말씀하지 아니하시는구나!' 하니 부처님께서 그 뜻을 아시고 야소다라에게 말씀하셨다.

"보살의 행을 닦고 대법사가 되면 점점 부처님의 도를 구족하여 훌륭한 국토에서 성불하리라. 또한 그 이름은 구족천만광상여래(具足千萬光相如來)·응공·정변지·명행족·선서·세간해·무상사·조어장부·천인사·불세존이니라. 그 부처님의 수명은 한량없이 긴 아승지겁이니라."

그때 마하파자파티 비구니와 야소다라 비구니며, 그 권속이 모두 크게 환희하여 미증유를 얻고, 곧 부처님 앞에 나아가 게송을 읊었다.

거룩하신 세존께서 도사가 되어 하늘 인간 많은 중생 안온케 하니
우리들도 이제는 수기를 받아 마음에 편안함을 구족하도다.

  여러 비구들은 이 게송을 다 마치고 부처님께 여쭈었다.
"세존이시여, 저희들도 또한 다른 국토에 가서 이 경을 널리 설하겠나이다."
  그때 세존께서 80만억 나유타 많은 보살마하살을 굽어보시니, 그 보살들은 모두 아비발치로서 물러나지 않는 법륜을 굴리며, 여러 가지 다라니를 얻었었다. 그들은 그때 자리에서 일어나 부처님 앞에 나가서 열심히 합장하고 생각하기를 '만일 세존께서 우리들에게 이 경전 설할 것을 분부하신다면 우리들도 부처님의 가르침같이 이 법을 널리 설하리로다' 하며, 다시 '지금 부처님께서 묵연히 계시어 분부가 없으시니, 우리들은 어찌해야 좋을까' 하고 생각하였다.
  이때 여러 보살들이 부처님 뜻을 잘 공경하고 순종하며, 아울러 스스로 자기 본래의 원을 만족하려고, 부처님 앞에 나와 사자후로써 서원을 하였다.
  세존이시여, 저희들도 여래께서 멸도하신 뒤에는, 시방 세계를 두루 다니며 중생들로 하여금 이 경전을 쓰게

하고 받아 지녀 읽고 외우게 하며, 그 뜻을 해설과 법과 같이 수행해서 바르게 생각하고 알게 하려니, 이것은 모두 부처님의 위덕이나이다. 오직 원하옵나니, 세존께서는 다른 국토에 계실지라도 멀리서 보시고 보호하여 주옵소서."

바로 그때 여러 보살이 같은 소리로 모두 함께 게송을 읊었다.

부처님 멸도하신 후 　　　　　두렵고 악한 세상
저희들이 설법하려니 　　　　　염려하지 마옵소서.

어리석은 여러 중생 　　　　　나쁜 말로 욕을 하고
칼·막대로 해롭혀도 　　　　　저희들은 참으리다.

악한 세상 비구니는 　　　　　삿된 지혜 마음 궂어
못 얻고도 얻은 체 　　　　　　아만심이 충만하며

고요한 데 있으면서 　　　　　누더기옷 걸쳐 입고
참된 도 행한다며 　　　　　　다른 인간 경멸하고

이익만을 탐착하며
세상에서 받는 공경

속인 위해 설법하고
육신통의 나한[2] 같아

이런 사람 악심 품어
아련야[3]라 이름하여

세속 일만 생각하고
남의 허물 끌어내되

이런 말을 하느니라
이익만을 탐착하여

저 모든 비구들은
의도를 논설하며

스스로 경전 지어
명예를 구하기 위하여

세상 사람을 속이고
이 경 분별한다고.

대중 가운데 있으면서
국왕과 여러 대신

우리들 훼방하려
바라문과 거사들과

---

2) 나한(羅漢) : 아라한(阿羅漢)의 약어로, 소승불교의 수행의 극의(極意)를 달한 자 또는 소승의 깨달음을 얻은 성자를 말한다.
3) 아련야(阿練若, aranya) : 아란야(阿蘭若)·아란야(阿蘭耶)·아란나(阿蘭拏)·아란양(阿蘭攘)이라고도 음역한다. 삼림, 또는 수행승이 수행하는 장소를 말한다. 마을에서 멀지도 가깝지도 않은 수행하기에 적절한 장소를 가리키는데, 수행승은 원래 나무 밑의 빈터에서 있었던 것 같다. 또는 수행승이 사는 곳, 절, 암자를 뜻한다.

다른 비구 대중들게 우리를 비방하는 말
'저들은 삿된 인간 외도를 설한다' 고 하나

부처님 공경하는 우리 이런 악을 다 참으며
'너희들이 부처라' 경만하게 빈정대도

부처님 믿는 우리 그 사납고 못된 짓을
싫다 않고 견디며 다 받아 참으리라.

흐린 겁 악한 세상 두려움이 많으며
악한 귀신 몸에 들어 꾸짖고 욕을 해도

부처님 믿는 우리 인욕의 갑옷 입고
이 경전을 설법하려 어려운 이 일 다 참으며

신명을 아끼잖고 위없는 도 구하여서
앞으로 오는 세상 부처님 법 보호하리니

세존께선 아시리라 탁한 세상 악한 비구
부처님 방편 따라 설법함을 제 모르고

입 사납게 빈축하며
멀리 멀리 내쫓아도

내리신 분부 생각하고
사납게 시달려도

촌락이나 도시에서
저희들이 찾아가서

세존의 사자 된 우리
설법을 잘 하리니

시방의 여러 부처
이런 맹세 하옵나니

자주자주 절간에서
부처님 믿는 우리

이러한 모든 고통에
모두 다 참으리다

법 구하는 이 있으면
부촉하신 법 설하올새

두려움 하나 없이
안온케 계시옵소서

세존 앞에 제가 나와
저희 마음 아옵소서.

제5권

14. 안락행품(安樂行品)

그때 문수사리 법왕자 보살마하살이 부처님께 여쭈었다.

"세존이시여, 이 여러 보살은 있기가 매우 어렵나이다. 이들은 부처님을 공경하고 순종하므로 큰 서원을 세워, 뒤에 오는 악한 세상에 이 『법화경』을 받아 지녀 읽고 외우리니, 세존이시여, 이런 보살마하살은 뒤에 오는 악한 세상에 이 경을 어떻게 설하겠나이까."

부처님께서는 문수사리에게 대답하셨다.

"만일 보살마하살이 뒤에 오는 악한 세상에 이 경을 설법하려면, 네 가지 법에 편안히 머물러야 하나니, 첫째는 보살의 행할 바와 친근할 곳에 편안히 머물러 중생들을 위하여 이 경을 연설할지니라.

문수사리여, 어떤 것을 보살마하살의 행할 곳이라 하느냐. 만일 보살마하살이 인욕의 지위에 머물러, 부드럽게 화하고 선에 순종하여 포악하지 아니하고, 마음에 놀라지 말 것이며, 또 다시 법에 행하는 바가 없어야 하며, 모든 법을 실상과 같이 관찰하여 행하지도 말고 분별하지도 말 것이니, 이것이 바로 보살마하살이 행할 곳이라 하느니라.

그러면 보살마하살이 친근할 곳은 어떤 것인가. 보살마하살은 국왕과 왕자 대신과 관리들을 친근하지 말 것이며, 여러 외도인 범지와 니건자[1]들과 세속의 문필과 외도의 서적을 찬탄하는 이와 로가야타[2]와 역로가야타[3]들을 친근하지 말 것이며, 또한 여러 가지 흉악한 희롱과 서로 치고 겨루는 것과 나라[4]등의 갖가지 변덕스러운 장난을 친근하지 말 것이며, 또는 전다라[5]와 돼지·양·닭·개 등을 기르는 이와 사냥하고 물고기를 잡는 등의 여러 가지 악업에 종사하는 이들을 친근하지 말 것이며, 만일 이런 사람이 찾아오거든 그를 위하여 설법하되 아

---

1) 니건자(尼健子) : 외도의 일파로 자이나교도를 말한다.
2) 로가야타(路伽耶陀) : 육사외도(六師外道)의 하나로 유물론을 주장했다.
3) 역로가야타(逆路伽耶陀) : 세상의 도리에 역행하는 것을 주장하는 일파이다.
4) 나라(那羅, nara) : 춤추고 노래하는 등의 놀이나 배우를 말한다.
5) 전다라 : 인도의 사성계급(四姓階級)중 최하위 계급으로 도살업등에 종사한다. 도자(屠者), 엄치(嚴幟), 포악(暴惡), 살자(殺者), 하성(下姓)이라고 번역하며 여자는 전다리(栴陀利)라고 칭한다.

무 것도 바라지 말 것이며, 또 성문을 구하는 비구·비구니·우바새·우바이를 친근하지 말 것이며, 또는 문안하지도 말며, 혹시 방이거나 경쟁하는 곳이나 강당에서도 함께 하지 말며, 혹 그들이 찾아오거든 근기를 따라 설법하되 이양을 바라지 말 것이니라.

문수사리여, 또 보살마하살은 여인에게 대하여 욕심의 생각을 내어 설법하지 말고, 또 보기를 즐겨하지도 말며, 만일 남의 집에 들어가더라도 젊은 여자나 처녀·과부와 같이 말하지 말며, 또 오종불남[6]과 깊이 친하지 말고, 혼자 다른 사람의 집에 들어가지 말고, 만일 인연이 있어 꼭 들어갈 경우에는 오직 일념으로 부처님을 생각하라. 만일 여인을 위하여 설법하려거든 이를 드러내서 웃지 말고, 가슴을 헤쳐 보이지 말며, 법을 위해서라도 오히려 친하지 못하거늘, 하물며 다른 일이야 말할 것이 있느냐. 나이 어린 제자나 사미나 어린아이를 기르지 말고, 또한 한 스승을 함께 섬기기를 즐기지 말며, 항상 좌선을 좋아

---

6) 오종불남(五種不男) : 남자의 생식기가 불구한 것 다섯 가지를 말한다. ① 생불남(生不男) : 나면서부터 남근이 발육되지 못한 것 ② 건불남(腱不男) : 칼로 남근을 잘라버린 것 ③ 투불남(妬不男) : 다른 이의 음행함을 보고야 정욕을 일으키는 것 ④ 변불남(變不男) : 다른 이와 음행할 때에 남근을 상실하여 불구가 되는 것 ⑤ 반불남(半不男) : 반 달은 남근을 사용하고 반 달은 사용하지 못하는 것 등의 다섯 가지이다.

하되 한적한 곳에 있으면서 그 마음을 잘 닦고 다스릴지 니, 문수사리여, 이런 것이 첫째 친근할 곳이니라.

또 보살마하살은 일체 법이 빈 것을 실상과 같이 관찰하여 뒤바꾸지 말고 흔들리지도 말고 물러나지도 말지니라. 빈 허공과 같아 성품이 있는 것이 아니니, 모든 말의 길이 끊어져 나지도 않고 나오지도 않고 일어나지도 아니하며, 이름도 없고 모양도 소유도 헤아림도 끝도 없으며, 걸림도 없고 막힐 것도 없으나, 다만 인연으로 있어 전도를 따라 나는 것을 설하나니, 항상 이와 같이 법의 진실한 모양을 관찰하면 이것이 곧 보살마하살이 둘째 친근할 곳이니라."

그때 세존께서 이 뜻을 거듭 펴시려고 다음과 같이 게송으로 말씀하셨다.

만일 어떤 보살
두려움 없는 맘으로

뒤에 오는 악한 세상에
이 경전 설하려면

보살로서 행할 곳과
국왕이나 왕자들과

친근할 곳에 들어가되
큰 신하와 고관 대작

흉한 장난하는 이와
이와 같이 속된 것들

전다라 외도 범지
항상 멀리해야 하며

증상만의 인간이나
삼장의 학자들도

소승에 탐착하는
친근하지 말 것이며

계를 파한 비구들과
잘 웃으며 희롱하는

이름뿐인 아라한들
그 모든 비구니와

오욕락에 탐착한 채
어리석은 우바이도

멸도를 구하려는
친근하지 말지니라.

만일 이런 사람
보살한테 이르러

정답게 찾아 와서
부처님 도 묻거든

중생을 구하려는
바라는 것 하나 없이

두려움 없는 마음으로
법을 설해 주며

과부거나 처녀거나
모두 다 친근 말고

남자답지 못한 것도
깊은 정을 주지 말며

짐승을 도살하고   사냥하고 고기 잡고
이익 위해 살생하는   그런 이를 친근 말며

고기 팔아 먹고 살며   여색 팔아 살아가는
그런 이도 친근 말며   흉악하게 서로 치고

가지가지 유희하고   희롱하여 노는 이와
음탕한 여자들을   모두 다 친근 말며

홀로 있으면서   여인 위해 설법 말고
만일 설법하려거든   희롱하여 웃지 말며

마을에서 걸식할 때   한 비구와 같이 하고
만일 홀로 가게 되면   일심으로 염불하며

이러한 모든 일이   행할 곳과 친근할 곳
이 두 곳에 잘 들어서   편안하게 설하여라.

상·중·하의 여러 법과   유위법[7]과 무위법[8]
참되거나 거짓된 법   그 법도 또한 행치 말며

이건 남자 이건 여자   분별도 하지 말고
여러 법을 얻었다고   아는 체도 하지 말며

본 체도 말 것이니   이와 같이 모든 것을
일러서 하는 말이   보살들이 행할 곳

일체 온갖 법은   본래부터 빈 것이라
일어남도 없지만   멸하지도 않나니

지혜 있는 이들은   여기에 친근하리
여러 법이 있다 없다   또는 진실 아니라며

생·멸을 따지는 건   전도된 분별이니
고요한 데 있으면서   마음을 잘 다스리고

---

7) 유위법(有爲法, saṃskṛta) : 여러 가지의 인연으로 말미암아 생성되는 생주이멸의 모든 현상을 반복하는 일시적인 존재들을 가리킨다.
8) 무위법(無爲法)은 생멸변화 없이 활동을 일으키는 것이 없는 것으로, 그 자체는 이미 공적(空寂)한 것이니 그것을 가지고 실로 있다고 해서는 안 된다는 것을 밝힌 것이다.

흔들림 아주 없이
수미산과 같이하여

일체 모든 법은
빈 허공 같으므로

생도 없고 남도 없고
한 모양에 항상 머물면

만일 어떤 비구
행할 곳과 친근할 곳

이 경전 설할 때는
두려운 그런 생각

보살이 어느 때에
곧고 바른 생각으로

선정에서 일어나면
여러 신하 많은 백성

편안하게 머무르되
보살행을 보일지라.

본래부터 없는지라
견고함도 없으며

부동하고 불퇴하여
이것이 바로 친근할 곳

내가 멸도한 후
부지런히 잘 들어서

비겁하고 연약한 맘
하나도 없으리라.

고요한 방을 들어가서
뜻을 따라 법을 보고

국왕과 왕자들과
바라문을 위하여

| 이 경전 설해 주며 | 열어서 교화하면 |
| 그 마음이 안온하여 | 두려운 맘 없으려니 |

| 문수사리 보살이여 | 이를 일러 하는 말 |
| 모든 보살 법 가운데 | 편안히 머무를 곳 |

| 이런 곳에 잘 들어서 | 뒤에 오는 후 세상 |
| 미묘한 『법화경』을 | 능히 넓게 설하리라. |

"또 문수사리여, 여래 멸도한 후 말법[9] 가운데 이 경을 설법하려면 안락한 행에 머무를지니, 입으로 선설하지 말며, 혹은 경을 읽을 때 사람들과 더불어 경전의 허물을 말하지 말라. 또는 다른 법사를 가벼이 여겨 빈정대거나 다른 사람의 좋고 나쁜 장단점을 말하지 말며, 성문의 이름을 들어 그의 허물을 말하지 말고, 혹은 그를 칭찬하지

---

9) 말법(末法) : 정법(正法)·상법(像法) 말법(末法)으로 나뉘어지는 불교의 시간관에서 최종적인 단계이다. 부처님의 가르침(敎)과 그 실천(行), 그 결과(證)가 존속되는 불멸후(佛滅後)의 5백년 동안을 정법시대라고 하며, 부처님의 가르침과 그 실천은 있으나 그 결과가 없는 시대로서 불멸 후 1천년을 상법시대라고 한다. 또한 부처님의 가르침은 있으나 행하는 사람이 없는 시대로서 불멸 후 1만년을 말법시대라고 한다.

도 말며, 원망이나 혐의의 마음을 품지 말라.

이와 같이 안락한 마음을 잘 닦으면 설법을 듣는 이들이 그의 뜻을 거역하지 아니하며, 혹 어려운 질문을 받더라도 소승의 법으로 대답하지 말고, 오직 대승법으로 해설하여 일체의 종지를 얻게 하여라."

그때 세존께서 이 뜻을 거듭 펴시려고 다음과 같이 게송으로 말씀하셨다.

보살은 항상 즐겨　　　　안온하게 설법하되
맑고 깨끗한 땅　　　　　법 자리에 앉으시며

기름을 몸에 발라　　　　먼지와 때를 씻고
청정하게 새 옷 입어　　　안과 밖이 청결해지면

법 자리 편히 앉아　　　　묻는 대로 설법하여
만일 어떤 비구　　　　　비구니와 우바새

우바이와 국왕들과　　　　왕자들과 여러 신하
백성들께 미묘한 뜻　　　　부드럽게 설해 주며

어렵게 물어 와도
인연이나 비유들로

뜻을 따라 설법하되
분별하고 연설하여

이런 방편으로써
이익이 점점 많아

모두 다 발심시켜
부처님 도 듣게 하며

게으르게 하는 일과
근심 걱정 떨쳐 주고

게으름을 못 피우게
자비롭게 설법하며

위없는 도 가르치기
여러 가지 인연들과

낮도 밤도 없으려니
한량없는 비유들로

중생들께 열어 보여
의복이나 침구를

환희토록 하여 주며
음식들과 의약들을

그 가운데 하나라도
일심으로 생각하여

바라지를 말 것이며
인연을 설법하며

부처님 도 이룩하고
이런 것이 큰 이익

중생들도 성불케 하면
안락한 공양이니라.

내가 멸도한 후
이 묘법연화경을

만일 어떤 비구
능히 잘 설법하면

성내는 일 질투의 맘
근심 걱정 마찬가지

번뇌 장애 하나 없고
꾸짖는 이도 없으며

두려움도 없어지고
내쫓기는 일없는 것은

칼이나 막대기로
인욕 중에 머무름이다.

지혜로운 이 이와 같아
안락하게 머물기를

그 마음을 잘 닦고
위에 말함 같이 하면

그 사람이 얻는 공덕
산수로나 비유로도

천만억의 오랜 겁에
헤아릴 수 없느니라.

"또 문수사리여, 보살마하살이 말세에 법이 멸하려 할 때, 이 경전을 받아 가지고 외우고 읽는 이를 질투하거나 아첨하는 마음을 품지 말고, 또 부처님의 도 배우는 이를 경솔하게 욕하거나 그 잘하고 못하는 것을 말하지 말며, 만일 비구·비구니·우바새·우바이로서 성문을 구하는 이나 벽지불을 구하는 이, 또는 보살도를 구하는 이를 어지럽게 하여 그들로 하여금 의심하고 후회토록 하면서 '너희들은 도에서 거리가 매우 멀어 일체 종지를 마침내 얻지 못할 것이니, 왜냐하면 너희들은 게으른 사람들로 도에 방일하기 때문이라'는 말을 하지 말며, 또는 모든 법을 희롱하여 말하지 말고 다투지도 말라.

오직 일체 중생에게 자비로운 생각을 일으키는 것이며, 모든 여래에게 자비로운 아버지라는 생각을 일으키며, 보살에게는 큰 법사라는 생각을 일으켜 시방에 있는 여러 보살에게 깊은 마음으로 공경하고 예배하며, 일체 중생을 위하여 평등하게 서법하리니, 법에 따라서 적게도 하지 말고 많이 하지도 말며, 법을 깊이 사랑하는 이에게도 역시 많이 설하지 말라.

문수사리여, 이 보살 가운데 뒤 세상의 말세에 법이 멸하려는 때에 이 셋째 안락행을 성취한 이가 이 법을 설할 적에는 어지럽게 함이 없으며, 같이 배우는 이를 잘 만나 이 경을 같이 읽고 외우며, 또한 대중들이 와서 듣고 받아지니며, 받아서는 외우며, 외우고는 설하고, 설하고는 능히 쓰며, 또는 다른 사람을 시켜 쓰기도 하고 경전을 공양하고 공경하며 존중하고 찬탄하리라."

그때 세존께서 이 뜻을 거듭 펴시려고 다음과 같이 게송으로 말씀하셨다.

만일 이 경 설하려면	성내고 질투하고 교만하며
기만하는 거짓된 마음	모두 버리고 항상 질직[10]한 행을 닦고
다른 사람 경멸 말고	또한 법을 희롱 말며
의심 품게 하지 말고	성불 못한다 하지 말며
이런 불자 설법하면	부드럽게 항상 참고
일체 중생 자비롭게	게으른 맘 없애 주며
시방의 큰 보살들	중생 위해 도 행하면
공경하는 마음 내어	대법사라 생각하며
부처님 세존들을	아버지같이 생각하여
교만한 맘 깨뜨리면	설법하기 장애 없으리

---

10) 질직(質直) : 정직한 마음, 사람 됨됨이가 순수한 것을 말한다.

셋째 법 이러하니   지혜로운 이 잘 수호하여
일심으로 안락하게 행하면   중생 공경 받느니라.

"또 문수사리여, 보살마하살이 뒤 세상의 말세에 법이 멸하려 할 때, 이 『법화경』을 받아 가지면 재가인이거나 출가인이거나 큰 자비의 마음을 내고, 보살이 아닌 사람이라도 큰 자비의 마음을 내면서 이렇게 생각한다.

'이런 사람들은 큰 것을 잃게 되나니, 여래께서 방편으로 뜻을 따라 설법하심을 듣지도 못하고 알지도 못하며, 깨닫지도 못하고 묻지도 아니하며, 믿지도 않고 이해하지도 못하는구나! 그 사람들이 비록 묻지도 않고 믿지도 아니하며, 이 경을 이해하지 못하더라도 내가 아뇩다라삼먁삼보리를 얻을 때는 어느 곳에 있든지 따라 가서 신통력과 지혜의 힘으로 인도하여 이 법 가운데 머무르게 하리라'고.

문수사리여, 이 보살마하살이 여래 멸도한 후 이 넷째 법을 성취한 이는 이 법을 설할 때에 잘못이 없으리라.

항상 비구·비구니·우바새·우바이·국왕·왕자·신하·인민·바라문·거사 등이 그를 위하여 공양하고 공경하며 존중하고, 찬탄하며, 허공의 여러 하늘은 법을 듣기 위하여 항상 따라다니며 모시리라. 만일 촌락이나 도시나 고요한 산림 속에 있을 때 사람들이 찾아와서 어려운 질문을 하게 되면, 모든 하늘이 항상 법을 취하여 밤낮 없이 호위하므로 듣는 이로 하여금 능히 환희토록 하나니, 왜냐하면 이 경은 과거 · 미래 · 현재의 모든 부처님께서 신통력으로 보호하시기 때문이니라.

문수사리여, 이 『법화경』은 한량없이 많은 나라에서도 이름도 얻어듣기가 어렵거늘 하물며 얻어보고 받아지니며 읽고 외우는 것이야 말할 것이 있겠느냐.

문수사리여, 비유하면 힘센 전륜성왕이 그 위세로써 여러 나라를 항복시키려 할 때 소왕들이 그 명령을 거역하면, 전륜성왕은 많은 군사를 일으켜 토벌하면서 그 전쟁 중에 공이 있는 이를 보고 크게 환희하여 그 공을 따라 상을 주되, 혹은 논밭을 주며 혹은 집이나 촌락 · 도시를 주며, 혹은 의복이나 장신구를 주고, 혹은 여러 가지 진귀한 보물인 금 · 은 · 유리 · 자거 · 마노 · 산호 · 호박 · 코끼리 · 말 · 수레 · 남종 · 여종 · 인민들을 주지마는, 머리 속에 있는 밝은 구슬만은 주지 않는 것이니, 왜냐하면 이 구슬은 세상에 왕의 이마에 있는 단 하나뿐이기 때문이니라. 만일 이것을 주면 왕과 그 권속은 반드시 크게 놀라리라.

문수사리여, 여래께서는 또한 이와 마찬가지로 선정과 지혜의 힘으로 법의 국토를 얻어 거역하면 여래의 장군인 성인들이 그들과 함께 싸우되, 공이 있는 이를 보면 여래의 마음이 환희하여 사부대중 가운데서 여러 경을 설해서 그 마음을 기쁘게 해 주고 선정과 해탈과 번뇌 없음과 근력의 법을 주며, 또 열반을 주어 멸도라는 말도 그 마음을 인도해서 모두 환희케 하지만 아직 이『법화경』은 설하지 않느니라.

문수사리여, 전륜성왕이 병사들 가운데 공이 있는 이들을 보고 그 마음이 크게 환희하여 이 믿기 어려운 구슬을 오랫동안 머리 속에 감추어 함부로 사람들에게 주지 않다가 이제야 그것을 주는 것처럼, 여래께서도 또한 이와 같아 삼계 가운데 큰 법왕이 되어 법으로 일체 중생을 교화할새, 성인의 장군들이 오음마[11]·번뇌마[12]·사마[13]

---

11) 오음마(五陰魔) : 오온마(五蘊魔)·오중마(五衆魔)라고도 하며, 사마(四魔)의 하나이다. 유정(有情)은 모두 색(色)·수(受)·상(想)·행(行)·식(識)의 오온으로 구성되어져, 여러 방해를 받는다는 것을 말한다.
12) 번뇌마(煩惱魔) : 사마(四魔)·오마(五魔)의 하나로 번뇌가 우리의 몸과 마음을 어지럽게 해서 깨달음을 얻지 못하도록 일으키는 장애이다.
13) 사마(死魔) : 죽음의 악마로 간주하여 한말로, 사마(四魔)·오마(五魔)의 하나이다. 혹은 중생의 죽는 시기를 정하는 마(魔)이다.

와 함께 싸워 큰 공이 있는 것을 보고, 또 삼독을 멸하고 삼계에서 나와 마구니들의 그물을 깨뜨리는 것을 보고, 그때에 여래께서 크게 환희하고 중생으로 하여금 일체 지혜에 이르게 하는 『법화경』을 그 동안 온갖 세간의 원망이 많고 믿지 않아서 먼저 설하지 못한 것을 이제야 설하느니라.

문수사리여, 주는 것은 저 힘센 왕이 밝은 구슬을 오래도록 가지고 있다가 이제야 주는 것과 같으니라.

문수사리여, 이 『법화경』은 여러 부처님 여래의 비밀한 법장으로 여러 경전 가운데 가장 그 위가 되므로 오래도록 잘 수호하여 함부로 선설하지 않다가 이제 처음으로 너희들에게 연설하느니라."

그때 세존께서 이 뜻을 거듭 펴시려고 다음과 같이 게송으로 말씀하셨다.

인욕 항상 행하여   일체를 불쌍히 여겨야
부처님이 찬탄하신   이 경전 연설할 수 있나니

뒤 세상 말세에   이 경전 가지는 이
재가거나 출가거나   보살이 아니라도

자비한 말 낼지니
듣지 않고 믿지 못해

많은 중생 이 경을
큰 이익을 잃지마는

내가 불도 이루면
이 경전 설법하여

여러 가지 방편으로
그 가운데 있게 하리.

비유하면 힘이 강한
싸움에 공 있는 이

전륜성왕이
여러 가지 상을 주되

코끼리·말·수레며
많은 논밭·집들이며

몸에 걸칠 장신구
촌락·성읍 떼어 주고

혹은 입을 옷가지와
노비와 재물들을

가지가지 귀한 보배
모두 주어 기쁘도록

용맹하게 잘 싸우며
머리 속에 감춘 구슬

어려운 일 능히 하면
풀어내어 주듯이

여래 또한 이와 같아
인욕하는 큰 힘과

여러 세계 법왕 되어
지혜스런 보장들을

큰 자비의 마음으로
일체 중생들이

법과 같이 교화하되
여러 고통 받음 보고

또는 해탈 구하려고
이런 중생 위하느라

마군과 싸움 보며
갖가지 법 설하므로

큰 방편을 잘 써서
중생들이 힘 얻은 것

이런 경전 설해 주며
여래께서 아시고는

맨 나중에 이르러
왕이 머리 풀고

『법화경』을 설하시니
밝은 구슬 줌과 같다.

이 경은 존귀하여
내가 항상 수호하여

경전 중에 으뜸이라
열어 보지 않았으나

지금은 때가 되어
내가 멸도한 후

너희에게 설하노니
부처님 도 구하는 이

안온함을 얻어서
이와 같은 네 가지 법

이 경전을 설하려면
응당 친근할지니라.

이 경을 읽은 이는　　　　　항상 번뇌 없으며
병과 고통 하나 없어　　　　얼굴빛이 아름답고

비천하고 추잡하며　　　　　빈궁하게 나지 않고
중생들이 즐겨 보되　　　　　어진 성인 보듯 하며

하늘과 여러 동자　　　　　　모시고 또 모시며
칼·막대로 못 해치고　　　　　독약도 불능이며

나쁜 욕을 하면　　　　　　　그 입이 막혀지고
두려움이 없는 일　　　　　　사자왕과 같으며

지혜의 밝은 광명　　　　　　햇빛과 같으니라
혹은 꿈 가운데　　　　　　　미묘한 일 보더라도

모든 여래께서　　　　　　　사자좌에 앉으시어
비구 대중 둘러 싸여　　　　설법하심을 보며

항하 모래 같은 수의　　　　용과 귀신·아수라들
그 모두가 일심으로　　　　　공경하고 합장하면

그 몸들을 위하여
여러 부처님 상

설법함도 또한 보며
그 몸이 금색이라

한량없는 광명 놓아
맑은 음성 범음으로

일체를 다 비추며
설법함을 또한 보며

부처님이 사부대중 위해
자기 몸이 그 가운데

위없는 법 설할 적에
있는 것을 발견하고

일심으로 합장하여
법을 듣고 환희하여

부처님을 찬탄하고
받들어 공양하며

다라니를 또한 얻어
부처님이 그 뜻 알고

불퇴지[14]를 증득하니
불도에 깊이 들어

앞으로 오는 세상에
정각을 이루리라

위가 없이 가장 높은
수기 주어 하시는 말

---

14) 불퇴지(不退智) : 물러남이 없는 지혜이다.

'너희들 선남자는
한량없이 밝은 지혜

국토는 청정하여
사부대중 합장하여

스스로 자신들이
좋은 법을 닦고 익혀

선정에 깊이 들어
참견함도 또한 보니

백복으로 장엄한 상
법을 듣고 대중 위해

꿈속에도 국왕이 되어
가장 묘한 향락들을

도량을 찾아가서
사자좌에 높이 앉아

앞으로 오는 세상
부처님의 큰 도 얻고

비할 데 없이 광대하며
그 불법을 들으리라.'

산림 속에 들어가서
실상을 증득하며

시방 계신 부처님을
부처님 몸 금색이라.

그 많은 부처님들
설법하는 꿈이 있네.

궁전과 권속들과
하나 없이 다 버리고

보리수 나무 아래
부처님 도 구할 때

칠일간을 지나서
위없는 도 이루어

불지혜를 모두 얻고
법륜을 잘 굴리며

사부대중 위하여
천만억 겁 지나도록

법을 설하는 일
무루 묘법 설하여

무량 중생 제도하고
등불이 다 꺼지고

열반에 들 적에는
연기마저 없으리니

뒤에 오는 악한 세상
이런 사람 얻는 이익

으뜸가는 법 설하면
공덕 또한 위 같노라.

15. 종지용출품(從地涌出品)

 그때 타방 국토에서 온 여러 보살마하살이 8항하의 모래 수보다 많더니, 그들이 대중 가운데서 일어나 합장 예배하고 부처님께 여쭈었다.

 "만일 저희들에게 부처님께서 멸도하신 후 이 사바세계에 있으면서 부지런히 정진하고 보호하며, 이 경전을 받아 읽고 외우고 쓰며 공양할 것을 허락하여 주시면, 마땅히 이 국토에서 널리 설하겠나이다."

 그때 부처님께서 여러 보살마하살에게 말씀하셨다.

 "그만두어라, 선남자야. 너희들이 이 경전을 받들어 가지기를 바라지 않나니, 왜냐하면 내 사바세계에는 6만 항하의 모래 같은 권속을 가지고 있어, 이 모든 사람들이 내가 멸도한 후에는 이 경을 받아 보호하고 읽고 외우며 널리 설하기 때문이니라."

 부처님께서 이를 설하실 때 사바세계 삼천 대천 국토의 땅이 다 진동하면서 열리더니 그 가운데에 한량없는 천만억 보살마하살이 동시에 솟아나오되, 그 보살들의 몸은 모두 금색으로 삼십이상을 갖추었으며, 한량없이 밝은 광명이 있었다. 이 보살들은 사바세계의 아래 허공 가운데 머물러 있다가 석가모니불께서 설법하시는 음성을 듣고 아래로부터 솟아오른 것이다.

그 낱낱 보살들은 모두 이 대중을 이끄는 이들로서, 각각 6만 항하의 모래수의 권속을 거느리고 있으며, 5만·4만·3만·2만·1만 내지 한 항하의 모래 같은 수나 반 항하의 모래 같은 수, 또는 4분의 1항하의 모래 같은 수의 권속을 거느리며, 천만억 나유타분의 1이나 또는 천만억 나유타 권속, 또는 억만의 권속을 거느리며, 또는 천만 내지 백만, 1만 또는 1천이나 1백으로부터 번거로움을 멀리 여의고 홀몸으로 행하기를 즐기는 사람도 한량없고 가없어, 숫자나 비유로는 그 수를 능히 헤아릴 수 없었다.

이 여러 보살이 땅으로부터 솟아 나와 허공의 칠보탑에 계신 다보여래와 석가모니불 계신 데에 찾아가 두 세존께 머리 숙여 예배하고 오른쪽으로 세 번 돌고는 합장하여 공경하며, 여러 보살들이 하는 가지가지 찬탄하는 법으로써 찬탄하고, 한쪽으로 물러나 기쁜 마음으로 두 세존을 우러러보며, 이와 같은 보살마하살이 땅에서 솟아나서 모든 보살의 가지가지 찬탄하는 법으로 부처님을 찬탄하니, 이러한 시간이 50소겁을 지나거늘, 그때 석가모니불께서도 잠자코 말없이 앉아 계시니, 여러 사부대중들도 또한 잠자코 앉아 50소겁을 지났지만, 부처님의 신통력으로 모든 대중들은 한나절과 같이 생각하였다.

그때 사부대중은 부처님의 신통력으로 한량없는 백천만억 국토의 허공에 가득한 많은 보살을 보았다. 이 보살 대중 가운데에 도사가 있으니, 그 첫째 이름은 상행(上行)이요, 둘째 이름은 무변행(無邊行)이며, 셋째 이름은 정행(淨行)이요, 넷째 이름은 안립행(安立行)으로, 이 네 보살은 그 대중 가운데 우두머리로서 그들을 창도하는 법사였는데, 대중 앞에 나와 각각 합장하여 석가모니불을 우러러보며 문안을 드렸다.

"세존이시여, 병도 없고 고통도 없으시며 안락하게 행하시나이까. 제도 받을 이들은 가르침을 잘 받고, 세존으로 하여금 피로하게 하지나 않았나이까."

그때 네 큰 보살께서 게송을 읊었다.

세존께서 안락하사	병도 없고 고통 없어
중생 교화 하시느라	피로함이 없으시며

| 또한 여러 중생 | 교화를 잘 받아서 |
| 세존으로 하여금 | 피로케 하지 않았나이까. |

  그때 세존께서 보살 대중들에게 말씀하셨다.
  "이와 같으니라. 여러 선남자야, 여래는 안락하여 병도 없고 고통도 없으며, 여러 중생들도 교화가 잘 되어 피로함도 없나니, 왜냐하면, 이 여러 중생은 오랜 세상으로부터 나의 교화를 항상 받았으며, 또한 과거에 많은 부처님을 공경하고 존중하여 여러 선근을 심은 까닭이니라. 이 여러 중생이 처음에 내 몸을 보고 나의 설법을 듣고 모두 믿고 받아서, 여래의 지혜에 들어가니 먼저 배우고 익힌 소승은 제외하느니라. 그러므로 이런 사람을 내가 이 경을 설법하여 부처님 지혜에 들게 하리라."
  그때 여러 큰 보살이 게송을 읊었다.

| 거룩하고 거룩하신 | 대웅[1]이신 세존께서 |
| 많은 그 중생들 | 가히 쉽게 제도하며 |

---

1) 대웅(大雄) : 위대한 영웅이라는 뜻으로 부처님의 존칭이다. 이런 의미에서 불상을 모신 큰 법당을 대웅전(大雄殿)이라고 한다.

| 매우 깊은 불지혜 | 부처님께 묻는 그들 |
| 듣고는 믿어 행하니 | 저희 또한 기쁘나이다. |

  그때 세존께서 대중의 우두머리가 되는 여러 큰 보살을 찬탄하셨다.

  "착하고 훌륭하도다! 선남자들이여, 너희들이 능히 여래를 따라 기쁜 마음을 내는구나!"

  그때 미륵보살과 팔천 항하의 모래같은 많은 보살이 생각하였다.

  '우리들은 지금껏 이렇게 많은 보살마하살이 땅으로부터 솟아나와, 세존 앞에 합장하고 공양하고 문안드리는 것을 보지도 못하였고 듣지도 못하였는데...'

  이때 미륵보살마하살은 팔천 항하의 모래같이 많은 보살들이 마음속에 생각하는 것을 알고, 아울러 자기의심도 결단하려 부처님께 합장하고 게송을 읊었다.

| 한량없는 천만억 | 이렇게 많은 보살은 |
| 일찍이 못보던 일 | 양족존은 설하소서. |

어디에서 오셨으며 무슨 인연 모였는가
큰 몸에 큰 신통력 지혜 또한 부사의라.

그 뜻이 견고하고 인욕의 힘 크게 있어
중생 보기 즐거우니 어디에서 왔나이까.

하나하나 보살들이 거느린 그 권속
항하의 모래 같아 헤아릴 수 없으며

혹은 큰 보살은 6만의 항하 모래
이 많은 대사들이 부처님께 공양하고

이 경 받아 지니며
5만 항하사 거느린 이 그 수는 더 많아서

4만이나 3만이나 2만 내지 1만이며
1천이나 1백이요 내지 1항하사의

반 분이나 3·4분 내지 억만 분의 1이며
천만의 나유타며 만억의 여러 제자

거느린 반 억이 그 수보다 더 많고
백만 내지 1만이며 1천 내지 1백과

50에서 10을 지나 3·2·1을 거느리며
권속 없이 홀몸으로 다니기를 즐겨하여

부처님 앞에 나온 수도 그보다 더 많으니
이와 같이 많은 대중 숫자로 헤아리려

항하사 겁 다해도 능히 알지 못하며
이 많은 큰 위덕 정진하는 보살대중

누가 설법해서 교화 성취시켰으며
누구 따라 발심하고 어느 불법 칭찬하며

무슨 경전 받아 지녀 어떤 불도 익혔을까.
이렇게 많은 보살 신통력과 큰 지혜로

사방의 땅 진동시켜 그 속에서 나왔으니
옛날부터 이런 일은 못보던 희유한 일

그들이 온 국토의 이름 설해 주옵소서.
여러 국토 다녔으나 이 대중은 처음 보며

더구나 대중 속에 아는 이가 하나 없어
홀연히 땅에서 솟은 그 인연 설하소서

지금 여기 모인 한량없는 백천 만억
이 많은 보살들도 한결같은 마음으로

이런 일은 무엇인가 알기를 원하오니
이 많은 보살 대중 본말[2]의 인연들을

무량 위덕 세존께서 오직 설해 주옵소서.

  그때 석가모니불의 분신이신 여러 부처님의 한량없는 천만억의 타방 국토에서 찾아와 8방의 많은 보리나무들도 각각 많은 보살 대중이 삼천 대천 세계의 땅으로부터 솟아나고 허공에 머물러 있는 것을 보고 그의 부처님들

---

2) 본말(本末) : 근본에 돌아가 변화하지 않는 것과 주변에 귀속하여 변화하는 것이다.

께 여쭈었다.

"세존이시여, 이 한량없고 가없는 많은 아승지[3]의 보살대중이 어디에서 왔나이까."

그때 여러 부처님께서 사자들에게 말씀하셨다.

"여러 선남자야, 잠깐만 기다리라. 미륵이라 이름하는 보살이 석가모니불의 수기를 받고 다음에 성불하리라. 그 보살이 이 일을 이미 물었으니, 석가모니불께서 대답하실 것이므로 너희들도 자연히 듣게 되리라."

그때 석가모니불께서 미륵보살에게 말씀하셨다.

"착하고 착하다! 미륵보살이여, 네가 어찌 이렇게 큰 일을 물었느냐. 너희들은 일심으로 정진하여 견고한 뜻을 일으키라. 여래는 이제 모든 부처님의 지혜와 자유스러운 신통력과 부처님들의 빠르고 원만한 힘과 용맹스런 위덕과 큰 세력을 나타내어 일으켜 펴 보이려 하느니라."

그때 세존께서 이 뜻을 거듭 펴시려고 다음과 같이 게송으로 말씀하셨다.

---

3) 아승지(阿僧祇, asaṁkhya) : 무앙수(無央數)라고 번역하며 셀 수 없이 많은 무한수라는 뜻이다. 『화엄경』〈아승지품〉에서 설해지는 121대수(大數)중 제105대수이다.

일심으로 정진하라
의심도 품지 말라

이 일을 설하려니
불지혜는 불가사의

너는 이제 믿음 내어
일찍이 못 듣던 법

인욕에 잘 머물러
마땅히 들으리라.

안위토록 해 주리니
부처 말씀 진실 되고

의심하고 두려워 말라
지혜 또한 한량없어

얻은 바 제일의 법
이제 바로 설하노니

분별하기 어려울새
너희 모두 잘 들어라.

 그때 세존께서 이 게송을 다 말씀하시고 미륵보살에게 또 말씀하셨다.

 "내가 이 대중 가운데서 너희들에게 말하노라. 미륵이여, 이 한량없고 가없는 아승지 많은 보살마하살이 땅에서 솟아나온 일은 너희들이 일찍이 보지 못한 일이니라. 내가 이 사바세계에서 아뇩다라삼먁삼보리를 얻어 이 많은 보살을 교화하여 보이고, 인도하여 그 마음을 조복받고 도의 뜻을 일으키게 하였느니라. 이 많은 보살들은 모두 이 사바세계 아래의 허공 중에 머무르며, 모든 경전을 읽고 외워 통하였으며, 사유하고 분별하여 바르게 생각하느니라.

미륵이여, 이 여러 선남자들은 대중 속에서 많이 설하기를 즐겨하지 않고, 항상 고요한 곳을 즐겨 부지런히 정진하되, 일찍이 쉰 일이 없으며, 또한 인간이나 하늘에 의지하지 않고 항상 깊은 지혜도 장애됨이 없으며, 또 여러 부처님의 법을 항상 즐겨 일심으로 정진해서 위없는 지혜를 구하였느니라."

그때 세존께서 이 뜻을 거듭 펴시려고 다음과 같이 게송으로 말씀하셨다.

미륵이여 바로 알라	이 많은 큰 보살을
수 없는 겁 동안에	불지혜를 익혔으며
이는 모두 나의 교화	큰 도 마음 내었으니
그들은 내 아들	이 세계에서 의지하여
두타의 일 행하고	고요한 데 있으면서
대중들의 시끄러움	피해서 다 버리며

많은 설법하지 않는　　　　　　이와 같이 많은 아들
나의 큰 도법을　　　　　　　　익히고 또 배우되

부처님 도 구하므로　　　　　　밤낮 없이 정진하여
사바세계 아래의　　　　　　　허공 중에 있느니라.

뜻과 생각 견고하여　　　　　　지혜 항상 구하며
가지가지 묘한 법　　　　　　　두려움 없이 구하며

가야성[4]의 보리수 아래　　　　최정각을 내가 이뤄
무상 법륜 굴리어서　　　　　　이 모두를 교화하고

도의 마음 처음으로　　　　　　일으키게 하였으니
불퇴지에 머물러서　　　　　　앞으로 모두 부처 되리라.

내가 진실 말하노라　　　　　　너희들은 믿을지니
옛날부터 이 대중을　　　　　　남김 없이 교화하였노라.

---

4) 가야성(伽耶城, Gaya) : 지명(地名)으로 중인도 마갈타국에 있는 도시의 성이다.

그때 미륵보살마하살과 수없이 많은 보살들이 일찍이 없던 이상한 일이라 의심하고 이렇게 생각하였다.

'세존께서는, 어떻게 그 짧은 시간에 이 한량없고 가없이 많은 아승지 보살들을 교화하여 아뇩다라삼먁삼보리에 머물도록 하셨을까.'

그리고 곧 부처님께 여쭈었다.

"세존이시여, 여래께서 태자로 계실 때 석씨 왕성을 나오시어 가야성 가까운 도량에 앉아, 아뇩다라삼먁삼보리를 이루시고, 그때로부터 지금까지 겨우 40여년이 온데, 세존께서는 어떻게 이 짧은 기간에 큰 부처님을 아셨나이까. 부처님의 세력과 부처님의 공덕으로 이와 같이 한량없는 보살이 아뇩다라삼먁삼보리를 얻도록 하셨나이까.

세존이시여, 이 많은 보살을 가령 어떤 사람이 천만억 겁을 두고 헤아릴지라도 능히 그 수를 알 수 없겠나이다. 여러 부처님은 계신 데서 많은 선근을 심고 보살의 도를 취하였으며, 항상 범행을 닦았다고 말씀하시지만, 이런 일은 세상에서 믿기 어렵나이다.

세존이시여, 이 일을 비유하면 얼굴이 아름답고 머리가 검은 스물 다섯 살의 젊은이가 백살 된 노인을 가리켜 자기 아들이라 하고, 또한 그 백살 노인도 젊은이를 가리켜 자기를 낳은 아버지라 하면 이런 일은 세상에서 믿겠나이까.

부처님께서도 또한 이와 같이, 도를 이루신 지 그 실은 오래지 않지만, 이 많은 보살들은 한량없는 천만억겁 동안 부처님 도를 위하여 부지런히 정진을 행하고 한량없는 백천만억 삼매에 잘 들고 나며 머물러서 큰 신통을 오래 닦아 차례대로 잘 배우고, 선법을 익히며 문답에 묘하여 인간 가운데 보배이니, 일체 세간에 매우 희유하나이다. 오늘 세존께서 불도를 얻었을 때 처음으로 발심시켜 교화하고 인도하여 아뇩다라삼먁삼보리에 향하도록 하셨다고 말씀하시지만, 세존께서 성불하신 지가 오래되지 않는데 능히 이렇게 큰 공덕을 이루셨나이까.

저희들은 부처님께서 알맞게 설하신 법이나 또 부처님께서 하시는 말씀은 모두 허망함이 없다고 믿사오며, 여러 신발의보살[5]들이 부처님께서 멸도하신 후, 만일 이 법을 들으면 혹 믿지 않고 받지 않아 법을 깨뜨릴 죄업의 인연을 일으킬까 두렵나이다. 원하옵나니 세존이시여,

---

5) 신발의보살(新發意菩薩, nava-yāna-saṃprasthita…bodhisattva) : 새로이 발심한 보살, 새롭게 도에 든 보살들, 보살 가운데 초급인자들을 말한다.

해설하여 주시어 저희들의 의심을 풀어 주시고, 아울러 미래 세상에 많은 선남자들이 이 일을 듣더라도 의심을 내지 않게 하옵소서."

그때 미륵보살이 이 뜻을 거듭 펴려고 게송을 읊었다.

부처님께서 오랜 옛날　　　　석씨 왕성에서 출가하여
가야성 가까운 곳　　　　　　보리수 아래 앉으시니

그렇게 짧은 세월　　　　　　교화한 여러 불자
한량없고 가없어　　　　　　그 수가 불가사의.

불도 오래 행한 그들　　　　신통력에 머무르며
보살도를 잘 배워　　　　　　세간법에 물들지 않을새

물 속에 핀 연꽃 같고　　　　땅에서 솟아 나와
세존 앞에 머물러서　　　　　모두 다 공경하니

이런 일은 부사의라　　　　　어찌 우리 믿으리까
부처님 도 이루심　　　　　　오랜 세월 아니온데

성취한 일 많으시니 　　　세존께 원하오니
많은 의심 풀어 주셔 　　　진실하게 분별하소서

비유하면 스물 다섯 　　　나이 젊은 청년이
백발에 주름 많은 　　　　백발 노인 가리키며

저이가 곧 내 아들이라 　　아들 또한 애비라니
애비 젊고 자식 늙어 　　　세상 누가 믿으리까.

세존 또한 이와 같아 　　　도 이룬 지 가까운데
이 많은 보살들은 　　　　뜻이 굳고 떳떳하며

한량없는 옛날부터 　　　보살도를 행하여
문답에도 교묘하니 　　　두려운 맘 하나 없고

인욕의 맘 결정되고 　　　단정하고 위덕 있어
시방부처 찬탄 받고 　　　분별하여 잘 설하며

시끄러운 중생 피해 　　　선정 항상 즐겨하며
부처님 도 구하려고 　　　아래 허공에 머무르며

저희들은 이제 들어
미래를 위하여

의심 다시 없사오나
연설하여 주옵소서.

만일 이 경전을
악도에 떨어지리니

의심하여 안 믿는 이
해설하여 주옵소서.

그토록 짧은 세월에
어떻게 교화하여

한량없이 많은 보살
불퇴지에 머물게 하였나이까.

---
6) 불퇴지(不退地) : 물러남이 없는 경지이다.

16. 여래수량품(如來壽量品)

그때 부처님께서는 여러 보살과 일체 대중에게 말씀하셨다.

"선남자들이여, 너희들은 반드시 여래께서 진실하게 밝히시는 말씀을 믿고 이해하라."

부처님께서는 대중에게 말씀하셨다.

"너희들은 반드시 여래께서 진실하게 밝히시는 말씀을 믿고 이해하라."

또 다시 부처님은 여러 대중에게 거듭 말씀하셨다.

"너희들은 반드시 여래께서 진실하게 밝히시는 말씀을 믿고 이해하라."

이때 그 보살 대중 가운데 미륵보살이 상수가 되어 합장하고 부처님께 여쭈었다.

"세존이시여, 원하옵나니 설하여 주옵소서. 저희들이 부처님의 말씀을 믿고 받으오리다. 이렇게 세 번이나 여쭈오니 세존이시여, 설하여 주시면 저희들이 부처님의 말씀을 믿고 받으오리다."

그때 세존께서 여러 보살이 세 번이나 청하여 그치지

않을 것을 아시고 대답하여 말씀하셨다.

"너희들은 여래의 비밀한 신통력을 자세히 들어라. 일체 세간의 하늘과 인간 그리고 아수라들은, 모두 석가모니불은 석씨 왕성을 나와 가야성 가까운 도량에 앉아 아뇩다라삼먁삼보리를 얻었다고 생각하지만, 그러나 선남자들아, 내가 성불한지는 한량없고 가없는 백천만억 나유타 겁이니라. 비유하면 5백천만억 나유타 아승지 삼천대천 세계를 어떤 사람이 모두 가는 티끌로 만들어 그것을 가지고 동방으로 5백천만억 나유타 아승지 국토를 지날 때마다 한 티끌씩을 떨어뜨림과 같으니라. 이렇게 동방으로 행하여 그 많은 티끌이 다하였다면 선남자들이여, 너희들의 생각은 어떠하냐. 이와 같이 많은 국토를 사유하고 헤아려서 그 수를 알 수 있겠느냐."

미륵보살 등이 대답하여 여쭈었다.

"세존이시여, 그 국토는 한량없고 가없어 산수로도 알 수 없고 생각으로도 알 수 없나이다. 또 일체 성문과 벽지불이 누(漏) 없는 지혜로 사유하더라도 그 한계의 수를 알 수 없으며, 저희들이 아비발치에 머물지라도 이런 일은 알 수 없사오니, 세존이시여, 이와 같은 많은 국토는 한량없고 가이없나이다."

그때 부처님께서 보살대중에게 말씀하셨다.

"선남자들이여, 이제 너희들에게 분명히 말하겠노라. 만일 티끌을 떨어뜨린 국토나 그렇지 않은 국토를 다 합하여 티끌로 만들고 그 하나하나의 티끌을 1겁이라 하여도, 내가 성불한지는 이보다 백천만억 나유타 아승지겁이나 더 오래되느니라.

그로부터 나는 항상 이 사바세계에 있으면서 설법하여 교화하였고, 또 다른 백천만억 나유타 아승지 국토에서도 중생을 인도하여 이익케 하느니라. 선남자들이여, 이 중간에서 내가 연등불등에게 설하였고, 또 그의 열반을 설하였으나, 이와 같은 것은 모두 방편으로써 분별함이니라.

선남자들이여, 만일 어떤 중생이 나를 찾아오면, 나는 부처의 눈으로 그의 신심과 모든 근기의 날카롭고 둔함을 관하여 제도할 바를 따라 곳곳에서 설하되, 이름이 같지 아니하며, 연대가 많고 적으며, 또 다시 나타나 열반에 든다 하고, 또 가지가지 방편으로 미묘한 법을 설하여, 중생으로 하여금 능히 환희한 마음을 일으키게 하리라.

선남자들이여, 여래는 모든 중생들이 작은 법을 즐겨

덕이 엷고 업장이 무거운 것을 보시고, 이런 사람을 위하여 나는 젊어서 출가하여 아뇩다라삼먁삼보리를 얻었다고 말하였느니라. 그러나 내가 성불한 지는 이와 같이 오래이고 멀지만은 방편으로 중생을 교화해서 부처님 도에 들게 하려고 이렇게 말하였느니라.

여러 선남자여, 여래가 설한 경전은 다 중생을 제도하기 위한 것이니, 자기의 몸을 설하거나 다른 사람의 몸을 설하며, 혹은 자기의 몸을 보이거나 다른 사람의 몸을 보이며, 혹은 자기의 일을 보이거나 다른 이의 일을 보이나니, 설하시는 모든 말씀은 다 허망함이 없느니라. 왜냐하면, 여래는 삼계의 모습을 참답게 알고 보아, 나고 죽음에 물러나거나 나옴이 없으며, 또 세상에 있거나 멸도함도 없으니, 진실도 아니고 허망함도 아니며, 같지도 않고 다르지도 아니하며, 삼계를 삼계같지 않게 보나니, 이런 일은 여래를 밝게 보아 그릇됨이 없건만, 중생들이 다만 가지가지 성품과 가지가지 욕망과 가지가지 행과 가지가지 생각하는 분별이 있으므로, 모든 선근을 내게 하려고 여러 가지 인연과 비유와 이야기로 가지가지 법을 설하며, 부처님의 일을 하되 일찍이 쉬어 본 일이 없느니라. 이와 같이 나는 성불한지가 매우 오래되어 수명이 한량없는 아승지겁에 항상 머물러 멸하지 않느니라.

선남자들이여, 내가 본래 보살도를 행하여 이룬 수명은 지금도 아직 다하지 못하였으며, 다시 위에서 말한 수의 배나 되지마는, 참 멸도가 아닌 것을 방편으로써 멸도를 취한다고 말하나니, 여래는 이런 방편으로 중생을 교화하느니라. 왜냐하면, 만일 여래가 이 세상에 오래 머물 것을 말하면, 박덕한 사람들은 선근을 심지 않아 빈궁하고 하천하며, 오욕을 탐착하여 생각하는 것들이 허망한 그물에 걸리게 될 것이며, 만일 여래께서 멸하지 않고 항상 계심을 보면 교만한 마음을 일으키어 싫증을 내고 게으름을 피워, 만나기 어려운 생각과 공경하는 마음을 내지 아니하므로 여래께서는 방편으로써 설하느니라.

비구들이여, 마땅히 알라. 여러 부처님께서 이 세상에 출현하심을 만나기는 매우 어려우니라. 왜냐하면, 이런 일은 보지 못한 때문이니, 여러 비구들아, 여래를 만나 보기가 어렵다고 하면 중생들이 이 말을 듣고 부처님을 만나기가 어렵다는 생각을 내어, 마음에 연모하는 생각을 품고 부처님을 간절하게 그리워하여 선근을 심으리라. 그러므로 여래는 비록 멸도하지 않지만 멸도한다고 말하느니라.

또 선남자들이여, 모든 부처님 여래의 법이 다 이와 같아, 중생을 제도하기 위하여 모두 진실이요 허망함이 없느니라. 비유하면, 어떤 의사가 지혜 총명하고 통달하여 좋은 처방과 좋은 약을 만들어 여러 가지 병을 잘 치료하였느니라. 그 의사에게는 많은 아들이 있었느니 열·스물 내지 백명이나 되었다. 아버지가 볼일이 있어서 다른 나라에 간 뒤, 여러 아이들은 독약을 잘못 마시고 약 기운이 번져서 정신이 어지러워 땅에 쓰러져 있었다. 이때 아버지가 집에 돌아오니, 여러 아이들이 독약을 마시고 본심을 잃기도 하고 혹은 아직 본심만은 잃지 않은 이도 있었다.

멀리서 아버지가 오는 것을 보고 다 크게 환희하여 무릎 꿇고 절하면서 말하는 것이었다. '안녕히 다녀오시나이까. 저희들이 어리석어 독약을 잘못 마셨사오니 구원하시어 다시 생명을 얻도록 하여 주옵소서.'

아버지는 자식들의 고통이 이와 같음을 보고 여러 가지 처방으로 좋은 약초의 빛과 향과 맛을 다 갖추어 방아에 찧고 체로 쳐서 아이들에게 먹이면서 '이것은 좋은 약이다. 빛과 향과 맛을 아주 잘 맞추었으니 너희들이 먹으면 그 고통이 빨리 낫고 다시는 다른 병에 걸리지 않으리라' 하였다.

그 가운데 본심을 잃지 아니한 아들은 그 약이 빛과 향이 갖추어 있음을 보고 좋아하면서 곧 이 약을 먹어 병이 나았다. 본심을 잃은 아이들은 아버지가 오는 것을 보고 비록 환희하고 문안드리며 병 치료를 원하였으나, 그 약을 먹지 않았으니, 왜냐하면 독기가 깊이 들어 그 본심을 잃었으므로 이 같이 좋은 빛과 향으로 갖춘 약을 좋지 않게 생각한 때문이다.

그때 아버지는 생각하였다. '이 자식들이 참으로 불쌍하구나! 독약 중독으로 마음이 다 뒤집혀 나를 보고 기뻐하며 병의 치료를 원하지만 이렇게 좋은 약을 먹지 않으니, 내가 이제 방편을 베풀어 이 약을 먹게 하리라.'

그리고 이와 같이 말하였느니라. '너희들은 마땅히 알라. 내 이제 늙고 쇠약하여 죽게 되었거늘, 이 좋은 약을 여기에 남겨 두니 이것을 먹을 때 차도가 없을까 두려워하지 말라.'

이렇게 타일러 놓고 다시 다른 나라에 가서 사자를 본국의 아이들에게 보내어 그대들의 아버지는 이미 죽었다고 말하였느니라. 이때 그 여러 아들들이 아버지께서 세상을 떠났다는 소식을 듣고 크게 슬퍼서 생각하기를 '만일 아버지께서 계시면 우리들을 불쌍히 여기시고 사랑하여 구원해서 보호하시련만, 이제 우리를 버리고 멀리 타국에서 세상을 떠나셨으니 우리는 외롭구나! 이제는 다시 모실 수도 없도다' 하며, 항상 슬픔에 잠겨 지냈다. 그러다가 마침내 마음이 깨어나 이 약의 빛과 맛과 향기가 좋은 것을 알고 곧 먹으니 병이 다 나았느니라. 그 아버지는 아이들이 약을 먹고 다 나았다는 소식을 듣고 다시 찾아와 이들에게 보이는 것과 같으니라.

여러 선남자여, 너희들 생각에는 어떠하냐. 누가 이 의사를 허망하다고 말할 수 있겠느냐.

"그렇지 않나이다. 세존이시여."

부처님께서 말씀하셨다.

"나도 또한 이와 같아, 성불한 지는 한량없고 가없는 백천만억 나유타 아승지겁이지만, 중생을 위하여 방편의 힘으로 멸도를 말하고 있으나 능히 법과 같이 설하였으므로, 나를 허망하여 허물이 있다고 하지 않으리라."

그때 세존께서 이 뜻을 거듭 펴시려고 다음과 같이 게송으로 말씀하셨다.

내 스스로 성불하여
한량없는 백천 만억

설법으로 한량없는
부처님 도에 들게 하니

중생 제도 위하여
그 실은 멸도 않고

항상 이곳 머물러
뒤바뀐 많은 중생

나의 멸도 중생 보고
연모의 정 다 품어

중생을 모두 믿고
신명을 아끼지 않고

그때에 나와 대중이
중생들에게 말하기를

지나온 그 겁수는
아승지가 되느니라.

만억 중생 교화하여
그 또한 무량한 겁

열반을 말하지만
항상 이 법 설하며

여러 가지 신통으로
가깝게 인도하노라.

사리에 널리 공양하며
그리운 맘 다시 내며

그 뜻이 부드러워
부처 뵙기 원하면

영취산에 함께 나와
나는 항상 불멸하여

이곳에 머물지만
멸(滅)과 또한 불멸을

오직 방편의 힘으로
나타내어 보이니라.

다른 나라 중생들이
내가 다시 그 가운데

공경하여 믿으며
무상법을 설하거든

너희들은 듣지 않고
여러 중생 내가 보니

나의 멸도 말하지만
고통 속에 빠졌구나.

그러므로 은신하여
연모의 정 일으키어

그리운 맘 내게 하고
나타나서 설법 하느니라.

신통력이 이와 같아
영취산과 다른 곳에

아승지 오랜 겁에
머물러 있으려니

중생이 겁 다하여
나의 땅은 안온하여

큰 불에 탈 때에도
하늘 인간 충만하고

동산 수풀 여러 당각
보배나무 꽃이 만발

보배로써 장엄되고
중생들이 즐겨 놀며

천신은 북을 쳐서[1] 여러 기악 연주하고
만다라화 꽃비 내려 부처님과 대중께 흩으며

나의 정토 안 헐리나 중생들은 불에 타서
근심 고통 가득함을 여기에서 다 보노라.

죄가 많은 이런 중생 악업의 인연으로
아승지겁 지나도록 삼보[2] 이름 못 듣고

여러 공덕 잘 닦아 부드럽고 질직한 이
여기 있는 내 몸이 설법함을 다 보며

이런 중생 위하여서 어느 때는 말하기를
부처님 수명 길고 멀어 무량하다 하지마는

---

1) 천신은 북을 쳐서 : 도리천(忉利天)의 선법당(善法堂)에 있는 북으로, 치지 않아도 절로 소리가 난다고 한다.
2) 삼보(三寶) : 불교 성립의 세 가지 기본요건이며 동시에 신앙의 대상이 되는 것이다. ① 불보(佛寶) : 위없는 법을 깨달은 부처님. ② 법보(法寶) : 부처님이 설한 가르침, 경전. ③ 승보(僧寶) : 부처님의 가르침을 수행하는 집단, 승가, 스님.

부처님을 오래도록　　만나 뵈온 사람에겐
부처님은 희유하여　　친견하기 어렵다고

나의 지혜 이와 같아　　광명이 무량하고
무수한 겁 수명은　　오래 닦은 업이니라.

너희들 지혜로운 이　　의심 내어 품지 말고
죄업 영영 끊을지니　　부처님 말씀 진실이라.

의사가 좋은 방편으로　　미친 자식 구원하려
거짓말로 죽는 일이　　허망함이 없듯이

나도 또한 이와 같아　　뭇 고통을 구하려고
뒤바뀐 범부 위해　　거짓 멸도 말하나니

나를 항상 보게 되면　　교만한 마음 내고
오욕에 깊이 집착　　악도 중에 떨어지리.

나는 항상 중생의　　행하는 도 모두 알고
제도할 바 근기 따라　　갖가지로 설법하며

매양 하는 이런 생각 어떻게 저 중생을
무상 지혜 들게 하여 성불 빨리 시킬건가.

17. 분별공덕품(分別功德品)

그때 모임에서 부처님의 수명이 이와 같이 장원함을 듣고 한량없고 가이없는 아승지의 중생이 큰 이익을 얻었다.

그때 세존께서는 미륵보살에게 말씀하셨다.

"미륵이여, 내가 여래의 수명이 이와 같이 장원하다고 말할 때에, 6백 80만억 나유타 항하 모래 같은 중생이 무생법인[1]을 얻었으며, 또 그 천배의 보살마하살은 문지다라니[2]를 얻었고, 또 일세계[3] 티끌 같은 수의 보살마하살은 말 잘하고 걸림이 없는 변재를 얻었으며, 또 일세계 티끌 같은 수의 보살마하살은 백천만억 한량없는 선다라니[4]를 얻었고, 또 삼천대천세계[5] 티끌 같은 수의 보살마

---

1) 무생법인(無生法忍, anutpattika-dharmakṣānti) : 무생(無生)의 이 법(理法)을 깨닫고 다시는 의혹이 없는 경지로서, 제 7·8·9지의 보살이 얻는 깨달음이다. 생멸이 없는 일체의 참모습을 깨달아 거기에 안주하는 것이다.
2) 문지다라니(聞持陀羅尼, dhāraṇī) : 들은 것을 보전하는 다라니(陀羅尼)라는 뜻이다. 삼다라니(三陀羅尼)의 하나이다.
3) 일세계(一世界) : 수미산을 중심으로 사주(四洲)·야마천(夜摩天)·도솔천(兜率天)·화락천(化樂天)·타화자재천(他化自在天)·색계초선(色界初禪)의 범세천(梵世天)과 일월(日月)을 포함하는 세계를 말한다.

하살은 물러남이 없는 법륜을 능히 굴리며, 또 이천중국토[6]의 티끌 같은 수의 보살마하살은 청정한 법륜을 능히 굴리고, 소천국토[7]의 티끌 같은 수의 보살마하살은 팔생[8]만에 아뇩다라삼먁삼보리를 얻으며, 또 다시 사천하의 티끌 같은 수의 보살마하살은 사생만에 아뇩다라삼먁삼보리를 얻으며, 또 세 사천하의 티끌 같은 수의 보살마하살은 삼생만에 아뇩다라삼먁삼보리를 얻으며, 또 두 사천하의 티끌 같은 수의 보살마하살은 이생만에 아뇩다라삼먁삼보리를 얻으며, 또 다시 한 사천하의 티끌 수 같은 보살마하살은 일생만에 아뇩다라삼먁삼보리를 얻으며,

---

4) 선다라니(旋陀羅尼) : 범부의 집착의 상을 선전(旋轉)해, 공(空)의 이법에 도달시킨 지력(智力)이다. 『법화경』에서 설한 3다라니(三陀羅尼)의 하나로 천태종에서는 이것을 범부가 모든 사상(事象)에 집착하는 유상(有相)을 선전(旋轉)해 공리(空理)에 달하는 지력 즉 공(空)·가(假)·중(中)의 3관중의 공관(空觀)에 해당된다.
5) 삼천대천세계(三千大天世界, trisahasra-mahāsāhasra-lokadhātu) : 이 사바세계를 1소세계라고 하고 이 소세계 천 개 모은 것을 소천세계, 소천세계 천 개 모은 것을 중천세계(中千世界), 다시 중천세계 천 개 모은 것을 대천세계라고 한다. 이 대천세계가 세 번 모인 것이 삼천대천세계 즉 10억의 세계이며 이는 바로 무한의 세계를 의미하며 또한 화엄경의 세계관을 의미한다.
6) 이천중국토(二千中國土) : 중천세계(中千世界)·이천중천세계(二千中千世界)이다.
7) 소천국토(小千國土) : 소천세계(小千世界)이다.
8) 팔생(八生) : 여덟 번 다시 태어나는 것이다.

또한 팔세계의 티끌 수 같은 중생들도 아뇩다라삼먁삼보리의 마음을 일으켰느니라."

 부처님께서 이 많은 보살마하살이 큰 법의 이익을 얻었다고 말씀하실 때, 만다라꽃과 마하만다라꽃을 내려서 한량없는 백천만억 보리수 아래 사자좌에 앉아 계신 여러 부처님 위에 흩으며, 칠보탑 속의 사자좌에 앉으신 석가모니불과 멸도하신 지 오랜인 다보여래의 위에도 흩으며, 또한 모든 큰 보살대중과 사부대중에게도 흩으며, 가늘게 된 전단향과 침수향을 비 내리듯 뿌리며, 허공 가운데는 하늘 북이 스스로 울려 미묘한 음성이 멀리까지 들리며, 또는 천 가지나 만 가지나 되는 하늘옷이 비오듯이 내리고, 또 여러 가지 진주 영락과 마니주 영락과 여의 영락 등을 구방[9]에 두루 드리웠으며, 여러 가지 보배의 향로에는 값도 모를 좋은 향을 피워, 대회가 모두 공양하고 낱낱 부처님 위에는 보살들이 빈개를 들고 차례로 올라가 범천에 이르며, 이 많은 보살이 미묘한 음성으로 한량없는 게송을 노래 불러 모든 부처님을 찬탄하였다.

 그때 미륵보살이 자리에서 일어나 오른쪽 어깨를 벗어

---

9) 구방(九方) : 제방(諸方)이라고도 하며 모든 지방, 제국(諸國), 모든 종파의 승려이다.

드러내고, 부처님을 향하여 합장하고 게송을 읊었다.

부처님께서 설하신 법 다시 없이 희유하여
저희들이 옛날에는 듣지 못한 바이오니

세존의 힘 크시고 그 수명 무량하며
한량없이 많은 제자 세존께서 분별하사

법의 이익 크게 얻어 불도에 잘 들었다니
그 말씀 들은 저희들 환희함이 충만하나이다.

혹은 불퇴지 얻고 다라니를 얻으며
걸림 없는 요설[10]이니 만억의 선총지[11]를 얻으며

대천의 많은 세계 티끌 같은 보살들은
불퇴의 큰 법륜을 능히 모두 굴리며

---

10) 요설(樂說) : 기분좋게 설법하는 것, 보살이 즐겁게 법을 설하는 것, 중생의 락욕(樂欲)에 따라서 법을 설하는 것이다, 사무애해(四無礙解)의 하나이며 변무애(辯無礙)라고도 한다.
11) 선총지(旋總持) : 선다라니(旋陀羅尼)와 같다.

다시 중천 세계	티끌 수의 보살들
청정한 법륜들을	능히 모두 잘 굴리며

또한 소천 세계   티끌 같은 보살들은
8생에서 각각 있어   부처님 도 이루며

또 다시 4·3·2의   이와 같은 사천하
티끌같이 많은 보살   그 수대로 성불하며

혹은 한 사천하의   티끌 같은 보살들도
남은 일생에서   일체지를 이루었노라.

이와 같이 많은 중생   부처 수명 장원함 듣고
번뇌 없고 한량없는   청정한 과보 얻었으며

또한 8세계 티끌 같은   무수한 중생들도
부처 수명 모두 듣고   무상심을 냈나이다.

세존께서 설하신 법   한량없고 부사의라
많은 중생 준 이익이   허공같이 가이 없고

그 설법하실 때에   만다라 · 마하만다 꽃비
항하사 같은 석범[12]   곳곳에서 찾아오며

전단 침수 향가루   분분하게 날리기를
나는 새와 같이하여   여러 부처님 공양하며

하늘에는 하늘북이   묘한 음성 절로 내고
천만억의 하늘 옷이   둥글둥글 내려오며

갖가지 보배 향로   값도 모를 향을 피워
두루하게 향기로워   여러 세존 공양하며

그 많은 보살 대중   높고 묘한 만억 가지
칠보로 된 번개[13] 들고   차례차례 범천에 오르며

하나하나 부처 앞에   보배 당번 두루 달고
천만 가지 게송으로   여러 찬탄 노래하며

---

12) 석범(釋梵) : 제석천(帝釋天)과 범천(梵天)이다.
13) 번개(幡蓋) : 번(幡)과 천개(天蓋)를 말한다. 번은 불보살의 위력을 기리기 위해 장식하는 깃발이고, 천개란 법당안의 탁자 위를 덮도록 만든 닫집을 말한다.

이러한 갖가지 일　　　　　전에 없던 미증유라
무량한 부처 수명 듣고　　일체 환희하나이다.

부처님 이를 널리 들려　　많은 중생 이익 되니
일체의 선근 갖추어　　　위없는 맘 돕나이다.

  그때 부처님께서 미륵보살마하살에게 말씀하셨다.
  "미륵이여, 어떤 중생이 부처님의 수명이 이와 같이 장원함을 듣고 능히 일념으로 믿고 이해하면, 얻는 바의 공덕이 한량없으리라. 만일 선남자·선여인이 아뇩다라삼먁삼보리 위하여 80만억 나유타 겁 동안 다섯 바라밀인 단바라밀[14]·시라바라밀[15]·찬제바라밀[16]·비리야바라밀[17]·선바라밀[18] 만을 행하고 반야바라밀[19]은 제외하나

---

14) 단바라밀(檀波羅蜜, dāna-pāramitā) : 보시의 완성 즉 보시를 완전한 것으로 하는 것이다. 육바라밀의 하나로 보시바라밀이다.
15) 시라바라밀(尸羅波羅蜜, śila-pāramita) : 계법을 지키는 것을 완전히 이룬 것으로 계의 완성이다. 육바라밀의 하나로 지계바라밀이다.
16) 찬제바라밀(羼提波羅蜜, Kṣānti-pāramitā) : 인욕(忍辱)의 행함은 삶과 죽음의 바다를 건너, 열반의 언덕에 이르는 방법이기 때문에 바라밀이라고 칭한다. 육바라밀의 하나로 인욕바라밀이다.
17) 비리야바라밀(毘梨耶波羅密, vīrya-pāramitā) : 노력의 완성, 노력을 완전한 것으로 하는 것, 방심하지 않고 정진을 계속하는 것이다. 육바라밀의 하나로 정진바라밀이다.

니, 이 공덕을 앞에서 말한 공덕과 비유하면, 백분이나 천분이나 백천만억분의 일에도 미치지 못하고, 숫자로나 비유로도 능히 알 수 없느니라. 만일 이러한 공덕이 있는 선남자·선여인은 물러나지 않느니라."

그때 세존께서 이 뜻을 거듭 펴시려고 다음과 같이 게송으로 말씀하셨다.

만일 어떤 사람 불지혜를 구할 적에
80만억 나유타 겁을 다섯 바라밀 행하되

이 많은 겁 동안 부처님과 연각 제자
여러 보살 대중에게 좋은 의복·좋은 음식

아름다운 침구들과 전단으로 지은 정사
장엄스런 동산들을 보시하고 공양하며

---

18) 선바라밀(禪波羅蜜, dhyāna-pāramitā) : 마음 통일의 완성이다. 육바라밀의 하나로 선정바라밀이다.
19) 반야바라밀(般若波羅蜜, prajñā-pāarmitā) : 지혜의 완성이다. 육바라밀의 하나로 지혜바라밀이다.

가지가지 미묘함을
그 많은 겁 다 채워서

혹은 청정한 계를 지녀
위없는 도 구하므로

혹은 인욕을 다시 행해
많은 악을 가하여도

삿된 법에 걸린 이가
경만하게 빈정대도

부지런히 정진하여
한량없는 억 겁에

수 없이 오랜 겁에
혹은 앉고 혹은 거닐며

이런 인연 때문으로
80억만 겁에

이와 같이 보시하기
불도에 회향하고

결핍됨이 하나 없어

부드러운 땅 머물러서
그 마음이 부동하며

증상만을 품어서
이를 능히 참으며

뜻과 생각 견고하고
게을리 쉬지 않고

한가한 데 머물러서
자지 않고 마음 닦아

여러 선정 생기어서
마음 편히 머무르며

이와 같은 복을 가져
일체지를 내가 얻어

이와 같이 많은 사람
행한 여러 공덕

선남자·선여인이
일념으로 다 믿으면

만일 어떤 사람
깊이 잠깐 믿더라도

많은 그 보살들
나의 수명 설함 듣고

이와 같은 여러 사람
미래에 중생 제도

오늘날의 세존처럼
사자후로 설법하되

위없는 도 구하며
모든 선정 다 하리라.

백천만억 겁 가운데
위에 말함 같거늘

나의 수명 설함 듣고
그 복이 더 많나니

의심 하나 내지 않고
그 복이 이렇노라.

무량한 겁 도 행타가
이를 믿고 받으면

이 경전 받들어서
오래도록 하기를

도량에 나가시어
두려움이 없으리며

| 우리들도 미래세에 | 일체의 존경 받아 |
| 도량에서 하는 설법 | 그 수명도 같기 원해 |

| 마음 깊이 믿는 이가 | 청정하고 질직하여 |
| 많이 듣고 능히 가져 | 부처 말씀 이해하면 |

| 앞으로 오는 세상 | 부처 같은 수명으로 |
| 두려움 없고 의심 없어 | 모든 설법 잘 하리라. |

"또 미륵이여, 만일 부처님 수명이 장원함을 듣고 그 말뜻을 이해하면, 이런 사람이 얻는 공덕은 한량없이 능히 여래의 무상 지혜를 일으키거늘, 하물며 이 경을 듣고 널리 사람에게 가르치고 스스로 가지며 사람에게 가르쳐 가지게 하고, 스스로 쓰며 혹은 다른 사람에게 쓰도록 하고, 꽃과 향과 영락과 당번과 증개[20] 그리고 향유와 소등[21]으로 경권에 공양하면, 이런 사람의 공덕은 한량없고 가

---

20) 증개(繒蓋) : 천증개(天繒蓋)의 준말로 천개(天蓋)라고도 한다. 불상을 덮는 일산 또는 설법하는 이가 앉는 법상 위에 달아 놓는 산개(傘蓋)를 말한다. 대산(大傘)이라고도 한다.
21) 소등(蘇燈, ghṛta pradīpa) : 수등(酥燈)이라고도 쓴다. 낙농제품의 등화(燈火)로 우유제품을 향유에 가하여 태우는 등이다.

이없어 능히 일체 종지를 내지 않겠느냐.

 미륵이여, 만일 선남자·선여인이 내 수명이 장원함을 듣고 깊은 마음으로 믿고 이해하면, 이는 곧 부처님께서 항상 기사굴산에 계시어 큰 보살과 여러 성문들에게 둘러싸여 설법하시는 것을 보게 되리라. 또 이 사바세계의 땅이 유리로 되어 탄탄하고 평정하여, 팔도를 염부단금[22]으로 경계하며 보배나무가 늘어서 있고, 많은 누각이 다 보배로 이루어지고, 보살 대중들이 그 가운데 있는 것을 볼 것이니, 만일 이런 것을 보는 이는 깊이 믿고 잘 이해하는 모양인 줄을 마땅히 알라. 또 다시 여래 멸도한 후, 이 경을 듣고 또 이를 훼방치 아니하며, 따라 기뻐하는 마음을 일으키면 이 사람도 깊이 믿고 잘 이해하는 줄을 마땅히 알라. 하물며 받아 지녀 읽고 외우는 이야 말할 것이 있겠느냐. 이런 이는 곧 여래를 머리 위에 받드는 것과 같으니라.

 미륵이여, 이와 같은 선남자·선여인은 나를 위해 탑이나 절을 일으키며 승방[23]을 새로 짓는 등의 네 가지 일

---

22) 염부단금(閻浮檀金, jambū-nada) : 염부수(閻浮樹) 사이를 흐르는 강바닥에서 나오는 사금으로 금 중에 가장 고귀한 것이다.
23) 승방(僧坊) : 가람(伽藍)과 같은 말로 승니(僧尼)가 사는 사원이나 당사, 승원, 부속 건축을 구비한 것을 총칭하며 도를 배우거나 수행(修行)·수법(修法)을 하는 장소를 말한다.

을 하지 아니하여도 무방하리라. 왜냐하면 이 선남자·선여인이 이 경전을 받아 지녀 읽고 외우면, 이미 탑을 일으키고 승방을 세워 스님들에게 공양함이 되기 때문이니라. 이는 곧 부처님의 사리로 칠보의 탑을 세우되, 높이와 넓이가 점점 작아져 그 꼭대기는 범천에 이르고 그 탑에 여러 가지 번개와 보배 방울을 달며, 꽃과 향과 영락·말향·소향·도향과 여러 가지 춤과 기악과 피리 공후[24]의 미묘한 음성으로 노래 불러 찬탄하며 한량없는 천만억 겁에 공양함과 같으니라.

미륵이여, 내가 멸도한 후, 이 경전을 듣고 능히 받아 지녀 스스로 쓰거나 혹은 다른 사람을 시켜 쓰면, 이는 곧 승방을 세워 일으킴이니, 붉은 전단향 나무로 서른 두 칸의 전당을 지으며, 그 전당의 높이는 8다라수[25]로 높고 넓어 장엄스럽고 좋으며, 백천 비구들이 그 가운데 머무

---

24) 공후(箜篌) : 수금(豎琴)과 비슷한 악기로 23현이다. 원래 인도와 서역에서 사용된 악기로 추측되며 일본에는 백제로부터 전해져 백제금(百濟琴)으로 불리운다.

25) 다라수(多羅樹, tāla) : 안수(安受), 고송수(高悚樹)라고 번역하며 종려과에 속하는 식물이다. 인도, 미얀마, 스리랑카 등지에서 자라며 나무의 높이는 70~80척(尺)으로서 고대 인도에서는 이 나무의 높이로 척도의 단위를 삼았다. 이 나무의 잎은 넓고 단단하여 종이 대신으로 쓰여서 이 나무의 잎에 경전을 썼는데 이를 패엽경(貝葉經), 패다라엽(貝多羅葉)이라고 한다.

르고 좋은 동산과 목욕할 연못과 경행할 선실[26]이 있으며, 의복·음식·침구·탕약과 일체 오락 기구가 그 안에 충만하며, 이와 같은 승방 당각이 백천만억으로 그 수가 한량없으니, 이로써 나와 비구승들에게 공양함이 되느니라.

그러므로 내가 말하기를 여래께서 멸도한 후 만일 이 경전을 받아지녀 읽고 외우고 다른 사람을 위하여 설하고, 또는 스스로 쓰거나 다른 사람을 시켜 쓰고 경전에 공양하며, 탑과 절을 일으키며 승방을 지어 스님들께 공양하지 아니하여도 좋으니라. 하물며 이 경을 능히 가지고 보시·지계·인욕·정진·선정·지혜를 행하면 그 덕이야 말한 것이 있겠느냐.

그 공덕은 가장 수승하여 한량없고 가이없으니 비유하면 허공의 동·서·남·북과 사유·상하가 한량없는 것과 같아 일체 종지에 빨리 이르게 되리라.

만일 어떤 사람이 이 경을 받아 지녀 읽고 외우고, 다른 사람에게 설하고 스스로 쓰며 혹은 다른 사람을 시켜 쓰기도 하고, 또 탑과 절을 일으키고 승방을 지으며 그것

---

26) 선실(禪室) : 선(禪)을 수행하는 방을 말하며, 선종 사원에서 주지의 방(方丈)을 말하기도 한다.

으로 성문과 스님께 공양하며, 또 백천만억의 찬탄하는 것으로서 보살의 공덕을 찬탄하고 또 다른 사람을 위하여 가지가지 인연으로 이 『법화경』의 뜻을 해설하며, 머무르며, 인욕으로 진심이 없고 뜻과 생각이 굳으며, 좌선을 항상 귀하게 생각하여 여러 가지 깊은 선정에 들며, 정진을 용맹이 하여 여러 가지 선법을 잘 다스리며 영리한 지혜로 어려운 질문에도 잘 대답하면, 미륵이여, 이러한 여러 선남자·선여인은 그 공덕으로 이미 도량에 나아가 아뇩다라삼먁삼보리에 가까워 도의 나무 아래 앉은 것과 같으니라.

미륵이여, 이 선남자·선여인이 앉고 서며 경행하는 곳에는 응당 탑을 일으켜 세우고 일체의 하늘이나 인간이 모두 부처님의 탑과 같이 공양할지니라."

그때 세존께서 이 뜻을 거듭 펴시려고 다음과 같이 게송으로 말씀하셨다.

내가 만일 멸도한 후	이 경 받아 가지면
이런 사람 받는 복은	위에 말함 같아서

일체의 여러 공양　　　　　모두 다 갖춤이니
사리로 탑을 세워　　　　　칠보로 장엄하며

높고 넓은 그 표찰　　　　　범천까지 이르고
천만억 보배 방울　　　　　바람에 잘 울리며

한량없이 오랜 겁　　　　　이 탑에 공양하되
꽃과 향과 영락들과　　　　하늘옷과 기악으로 하며

향유등과 소등으로　　　　두루 밝게 비치며
앞으로 오는 악한 세상　　　법이 끝나는 때

능히 이 경 가지면　　　　　위에서 이미 말한
여러 가지 공양을　　　　　모두 구족하느니라.

만일 이 경 가지면　　　　　부처님 계실 때에
우두전단 향나무로　　　　승방을 일으키되

그 당각 서른 두 칸　　　　　높이는 8다라수며
좋은 음식 좋은 의복　　　　침구들을 다 갖추며

거처하는 백천 중생	동산과 연못들과
경행할 선실 장엄하여	공양함과 같으니라.

신해[27]하는 마음으로	이 경 받아 읽고 외며
남을 시켜 쓰게 하되	경전에 공양하며

꽃과 향을 뿌리거나	수만[28]·첨복[29]·아제목다가[30]
기름으로 불을 밝혀	이런 공양하는 이는

한량없이 얻는 공덕	빈 허공과 같나니
가이 없이 많은 복	이런 줄을 알지니라.

---

27) 신해(信解) : 승해(勝解)라고도 한다. 가르침을 믿고 이해하는 것, 확신하며 요해하는 것, 가르침을 믿고 이해하여 나아가 향상하려고 하는 의욕이다.

28) 수만(須曼, sumanas) : 수마나화(須摩那華)라고도 하며 향이 강하고 황백색의 꽃이 핀다.

29) 첨복(瞻蔔, campaka) : 나무 이름이다. 노란색의 꽃이 피고 향이 강한 큰키나무이다.

30) 아제목다가(阿提目多伽, Atimuktaka) : 아지목다가(阿地木多迦)라고도 음역한다. 풀의 이름으로, 형태는 대마와 같고 꽃은 붉고 잎은 푸르며 씨에서는 기름을 빼내고, 또 향의 원료로도 사용한다. 또는 나무의 이름으로 산흑단의 일종을 가리킨다.

또한 이 경 가져
선정을 즐겨하고

악한 말도 하지 않고
비구들께 겸손하여

지혜로 항상 생각
성 안내고 순하게

이런 행을 닦는 사람
이런 공덕 성취한

하늘꽃을 흩어 주고
부처님을 뵈온 듯이

이와 같이 생각하라
무루·무위법을 얻어

그 법사가 머무는 곳
한 게송만 설하여도

보시·지계·인욕과
성내는 일 전혀 없어

탑묘에 공경하며
자만심을 멀리하며

어려웁게 물어와도
해설하여 주리니

그 공덕이 한없으니
큰 법사를 보거든

하늘옷을 입혀 주며
머리 숙여 예배하고

'도량에 빨리 나가
천상 인간 이익 주리.'

경행커나 앉고 누워
이 가운데 탑 세울새

미묘하고 아름다운   여러 가지 보배들로
장엄하고 장식하여   갖가지로 공양할지니

이런 경지 머문 불자   부처 수용하심이니
그 가운데 항상 계셔   경행하며 누우심이라.

제6권

18. 수희공덕품(隨喜功德品)

그때 미륵보살마하살이 부처님께 여쭈었다.
"세존이시여, 만일 어떤 선남자·선여인이 이『법화경』말씀을 듣고 따라 기뻐한다면, 그 얻는 복이 얼마나 되나이까."
다시 게송을 읊었다.

세존께서 멸도한 후　　　　　이 경전 받아 들고
능히 따라 기뻐하면　　　　　얻는 복이 얼마이니까.

그때 부처님께서 미륵보살마하살에게 말씀하셨다.
"미륵이여, 여래 멸도한 후 만일 비구·비구니·우바새·우바이, 그리고 지혜 있는 이의 어른이거나 혹은 어린이가 이 경을 듣고 따라 기뻐하며 법회에서 나와 다른 곳에 이르되 혹은 승방이거나 혹은 한적한 곳이거나 혹은 성읍·촌락 어느 곳에서나 그 들은 바와 같이 부모·

친척과 친한 친구와 지식이 있는 이를 위하여 힘을 따라 연설하여서 그 많은 사람들이 듣고 따라 기뻐하며, 그들이 설하여서 그 많은 사람들이 듣고 따라 기뻐하며, 그들이 또 다른 이들에게 전하여 가르치고 그 가르침을 받은 이들이 듣고 따라 기뻐하며, 또 전하여 가르치며, 이렇게 전전하여 제 50째까지 이르면, 미륵이여, 그 50째의 선남자 · 선여인이 따라 기뻐한 공덕을 내 이제 말하리니 너희들은 마땅히 잘 들어라.

만일, 4백만억 아승지 세계의 육취[1] · 사생[2]의 중생인

---

1) 육취(六趣) : 육도(六道)와 같다. 여섯 개의 귀추(歸趣)를 말하며, 취(趣)는 정취있게 사는 곳이다. 중생이 자기가 지은 행위 즉 업에 따라 나아가는 생존의 상태 또는 세계이며 지옥(地獄) · 아귀(餓鬼) · 축생(畜生) · 수라(修羅) · 인간(人間) · 천상(天上)이 있다. 천 · 인 · 수라는 선업에 의하여 태어나는 곳이므로 삼선취(三善趣)라 하고 지옥 · 아귀 · 축생은 악업에 의하여 태어나게 되므로 삼악취(三惡趣)라고 한다.
2) 사생(四生, catasro-yonayaḥ) : 모든 살아있는 것을 그 태어나는 방법의 차이에 따라 네가지로 분류한 것이다. 첫째, 태생(胎生, jarāyu-ja)은 모태로부터 태어난 것으로 인간과 짐승을 말한다. 둘째, 난생(卵生, aṇḍa-ja)은 알에서 태어난 것으로 새와 같은 종류를 말한다. 셋째, 습생(濕生, saṃsveda-ja)은 습기 속에서 태어난 것으로 장구벌레나 곤충들을 말한다. 넷째, 화생(化生, upapādu-ja)은 과거 자신의 업력(業力)에 의해 만들어진 존재로서 천인(天人)이나 지옥의 중생들이 이곳에 속한다. 인간은 태생이며, 아귀는 태생의 것과 화생의 것이 있고 천인(신들)과 지옥의 중생은 화생이며, 축생은 태생의 것과 난생의 것과 습생의 것이 있다.

난생·태생·습생·화생과 모양이 있는 것[3]과 모양이 없는 것[4]과 생각이 있는 것[5]과 생각이 없는 것[6]과 비유상[7]과 비무상[8]과 발이 없는 것[9]과 두 발을 가진 것[10]과 네발 가진 것[11]과 다리가 많은 것[12] 등의 많은 수의 중생에게, 어떤 사람이 복을 구하려고 그들이 원하는 바를 따라 오락의 도구를 모두 나누어주되, 그 하나하나 중생에게 염부제에 가득한 금·은·유리·자거·마노·산호·호박의 여러 가지 아름답고 진귀한 보물과 코끼리·말·수레와 칠보로 만든 궁전과 누각 등을 주고, 이 큰 시주가 이와 같은 보시를 80년 동안 다 마치고는 생각하기를, '내가 이미 중생에게 오락의 도구를 그들의 뜻에 따라 주었

---

3) 모양이 있는 것 : 육체를 지닌 존재, 즉 욕계(欲界)·색계(色界)의 중생이다.
4) 모양이 없는 것 : 육체가 없는 존재, 즉 무색계(無色界)의 중생이다.
5) 생각이 있는 것 : 의식(意識)이 있는 중생이다.
6) 생각이 없는 것 : 의식이 끊어진 중생으로 멸진정(滅盡定)에 든 사람이다.
7) 비유상(非有想) : 거친 번뇌는 다 끊어진 중생이다.
8) 비무상(非無想) : 거친 번뇌는 다 끊어졌어도 미세한 번뇌는 남아 있는 중생이다.
9) 발이 없는 것 : 발이 없는 생물로 지렁이, 뱀 따위이다.
10) 두 발 가진 것 : 사람을 가리킨다.
11) 네 발 가진 것 : 네 발 달린 짐승 따위이다.
12) 다리가 많은 것 : 지네같이 발이 많이 달린 짐승이다.

으나, 이 중생들이 다 노쇠하고 80이 지나 머리는 희고 얼굴은 주름이 많으니 오래잖아 죽으리라. 내가 그들을 불법으로 가르쳐 인도하리라' 하였다.

곧 그 중생들을 모아 선포하여 법으로 교화하며 가르쳐 보이고, 이롭고 기쁘게 하며 일시에 다 수다원[13]의 도와 사다함[14]의 도와 아나함[15]의 도와 아라한의 도를 얻게 하여 여러 가지 번뇌를 다하게 하고, 선정에 깊이 들어 자재로움을 다 얻고 팔해탈을 갖추게 하였다면, 너의 뜻에는 어떠하냐. 이 큰 시주가 얻은 바 공덕이 많다고 하겠느냐, 아니겠느냐."

---

13) 수다원(須陀洹, srota āpanna) : 입류(入流)·지류(至流)·역류(逆流)·구항(溝港)·예류(預流)라고 한역한다. 성문(聲聞)의 사과(四果) 중 초과(初果)로 입류는 처음으로 성도(聖道)에 들어간다는 뜻이다.
14) 사다함(斯陀含, sakṛd-āgāmin) : 일래(一來)라고 번역하며, 한 번밖에 생을 받지 않는 자라는 뜻이다. 인도불교의 전통에 의하면 번뇌에서 해탈한 성자는 다시 생사의 세계에서 윤회하지 않는다고 한다. 그런 의미에서 사다함은 단 한번의 윤회만을 남겨두고 있는 성자이다. 소승 4과중의 제 2위이다.
15) 아나함(阿那含, anagamin) : 불환(不還)·불래(不來)라고 한역하며, 이제 미혹한 세계로 돌아오지 않는다는 뜻이다. 욕계의 번뇌를 끊은 성자의 이름으로, 불교 이전의 고대 우파니샤드에 있어서 브라흐만의 진리를 깨달은 사람은 이 세상에 더 이상 돌아오지 않는다고 말해지고 있던 것을 이어받은 것이다. 이 과를 아나함과(불환과, 不還果)라고 하며, 성문사과(聲聞四果)의 제3위(位)이고, 이 과를 얻으려 수행하는 위(位)를 아나함향(阿那含向)이라고 한다.

미륵이 부처님께 아뢰었다.

"세존이시여, 이 사람의 공덕은 매우 많아 한량이 없고 가이없나이다. 만일 이 시주가 중생들에게 다만 일체 오락 기구만을 보시하더라도 공덕이 한량없거늘, 하물며 아라한의 과를 얻게 하였으니 말할 것이 있나이까."

부처님께서 미륵에게 말씀하였다.

"내가 이제 너희들에게 분명히 말하리라. 이 사람이 오락 기구로써 4백만억 아승지 세계의 육취 중생들에게 주며, 또 아란한의 과를 얻게 하였어도, 그가 얻은 공덕은 제50째의 사람이 『법화경』의 한 게송을 듣고 따라 기뻐한 공덕의 백 분·천 분 내지 백천만억 분의 1만도 못하며, 내지 산수나 비유로도 능히 알지 못하리라.

미륵이여, 이와 같이 제50째의 사람이 차츰 전하여 『법화경』을 듣고 따라 기뻐한 공덕이 한량없고 가없는 아승지와 같거늘, 하물며 최초의 대회에서 듣고 따라 기뻐한 이야말로 말한 것이 있겠느냐. 그 사람의 복은 더욱 많아 한량없고 가없는 아승지로 가히 비유할 수가 없느니라.

또 미륵이여, 만일 어떤 사람이 이 경을 위하여 승방에 나가 앉거나 서서 잠깐만 들을지라도 이 인연 공덕으로 몸을 바꾸어 다시 태어나면 좋고 아름다운 코끼리나 말의 수레를 타며, 또한 진귀한 보배의 연을 타고 천궁에 오르리라. 또 어떤 사람이 법을 강하는 곳에 앉아 있다가 다른 사람이 오면 권하여 앉아 들게 하며 자리를 나누어 앉게 하며, 이 사람의 공덕은 몸을 바꾸어 태어날 때, 제석천이 앉은자리나 혹은 범천왕이 앉는 자리나 혹은 전륜성왕이 앉는 자리에 앉게 되리라.

미륵이여, 다시 어떤 사람이 다른 사람에게 말하기를, 『법화경』이라 이름하는 경이 있으니 우리 함께 가서 듣자 해서, 곧 그 말을 듣고 잠시 동안만 듣게 하여도 이 사람의 공덕은 몸을 바꾸어 태어날 때 다리니보살과 한곳에 나게 되며, 근기가 영리하고 지혜가 있으며, 백천만세에 벙어리가 되지 않고 입에서 추한 냄새가 나지 아니하며, 혀는 항상 병이 없고 입도 또한 병 없으며, 이빨에 때 묻거나 검지 아니하며, 누렇지도 않고 성글지도 아니하며, 빠지지도 않고 굽거나 덧니가 없으며, 입술이 아래로 쳐지지도 않고 위로 걷어 올리지도 아니하며, 거칠거나 부스럼이 나지 않으며, 또는 언청이이거나 삐뚤어지지도 아니하며, 두껍거나 너무 크지도 않고, 또한 검지도 아니하고 여러 가지 악한 것이 없으며, 코는 납작하지도 않고 비뚤어지거나 굽지 않으며, 얼굴색은 검지 않고 좁고 길지도 않으며, 폭 들어가거나 삐뚤어지지도 아니하며, 이와 같이 나쁜 상이 하나 없으며, 입술·혀·이빨이 보기에 다 좋으며, 코는 높고 곧으며 얼굴이 원만하며, 눈썹은 높고 길며, 이마는 넓고 평정하여, 인간의 모든 모양이 잘 구족하며, 세세생생에 나는 곳마다 부처님을 친견하여 법을 듣고 그 가르침을 믿고 받으리라.

미륵이여, 한 사람만 권하여 법을 듣게 한 공덕도 이와 같거늘, 어찌 하물며 일심으로 듣고 설하고 읽고 외우며 대중이 모인 곳에서 남을 위하여 분별해서 설하며 설한 대로 수행하는 것이야 말할 것이 있겠느냐."

그때 세존께서 이 뜻을 거듭 펴시려고 다음과 같이 게송으로 말씀하셨다.

듣고 따라 기뻐하고 타인 위해 설해 주며	그 가운데 한 게송을
이와 같이 전전하여 맨 나중에 얻는 복을	50번째 이르거든 이제 내가 분별하리.

어떤 큰 시주가   한량없이 보시하되
80년 긴 세월을   뜻에 따라 나눠주고

그 중생들 노쇠하여   백발 되고 주름 잡혀
바싹 마른 모양보고   곧 죽을 일 생각하여

그들을 가르쳐서   도의 결과 얻게 하려
방편으로 곧 설하는   열반의 진실한 법

'세상은 다 물거품   연기같이 허망하니
그대들은 모두 다   싫은 맘을 빨리 내라'

이 법 들은 여러 사람   아라한을 다 얻으며
여섯 신통·삼명과   팔해탈을 갖추어도

최후의 50째 사람   한 게송을 얻어듣고
따라서 기뻐하면   이 사람 얻는 복은

먼저 말한 시주보다   한량없이 더 많아
비유하여 말할 수가   가이 없느니라.

이와 같이 전해 들어도
법회 나가 처음 듣고

한량없는 복이거늘
따라 기뻐함이랴.

만일 어떤 이가
법화경을 듣게 하되

한 사람을 권하여
'이 경은 깊고 묘해

천만 억겁 지내어도
그들에게 일러 주어

만나 보기 어렵다'고
잠깐만 듣게 해도

이런 사람 얻는 복
세세에 입병 없고

내가 이제 말하리라
이빨은 성글지 않으며

누렇거나 검지 않고
안 거칠고 깨끗하여

입술은 두껍지 않으며
나쁜 상이 전혀 없고

혀는 또한 마르거나
미끈하고 높은 코

검거나 짧지 않고
곧고 또한 바르며

이마는 평정하고
사람들이 즐겨 보고

얼굴 모양 단정하여
추한 냄새 없는 일

우담바라 좋은 향기
만일 승방에 가서

그 속에서 항상 나며
법화경의 설법을

잠깐 듣고 환희하면
내가 이제 마땅히

그런 사람 받는 복
너희에게 말하리니

다음에 오는 훗세상
아름다운 코끼리나

하늘·인간 그 가운데
잘생긴 말 수레와

진귀하고 미묘한
환희한 맘 가득하여

보배의 가마 타고
하늘 궁전 오르며

법 설하는 곳에 나가
앉아 이 경 듣게 하면

다른 사람 권하여
이런 복의 인연으로

제석 범천 전륜성왕
하물며 일심으로

높은 자리 얻거늘
그 경을 받아 듣고

미묘하고 깊은 뜻
들은대로 수행하면

아주 잘 해석하고
받는 복이 한량없노라.

19. 법사공덕품(法師功德品)

그때 부처님께서 상정진보살마하살(常精進菩薩摩訶薩)에게 말씀하셨다.

"만일 선남자·선여인이 이 『법화경』을 받아 지녀 읽고 외우거나 해설하고 옮겨 쓰면, 이런 사람은 8백의 눈 공덕과 1천 2백의 귀의 공덕과, 8백의 코의 공덕과 1천 2백의 혀의 공덕과 8백의 몸의 공덕과 1천 2백의 뜻의 공덕을 얻으리니, 이 공덕으로 육근[1]을 장엄하여 다 청정하리라. 이 선남자·선여인은 부모 소생의 청정한 육안으로 삼천 대천 세계의 안팎에 있는 산과 숲과 강과 바다를 보되, 아래로는 아비지옥까지 위로는 유정천에까지 이르며, 또한 그 가운데 일체 중생을 다 보고 아울러 업의 인연과 과보로 나는 곳을 다 보아 알리라."

그때 세존께서 이 뜻을 거듭 펴시려고 다음과 같이 게송으로 말씀하셨다.

---

[1] 육근(六根) : 6식(識)의 소의(所依)가 되어 6식을 일으키어 대경(對境)을 인식하게 하는 근원 여섯이다. 안근(眼根)·이근(耳根)·비근(鼻根)·설근(舌根)·신근(身根)·의근(意根)등을 말한다. 근(根)이라 하는 것은 안근은 안식(眼識)을 내어 색경(色境)을 인식하며 내지 의근은 의식을 내어 법경(法境)을 인식하므로 근이라 한다.

만일 대중 가운데   두려움 없는 마음으로
이 법화경 설하면   그 공덕을 잘 들어라.

이 사람은 8백 공덕   수승한 눈 얻어서
이로써 장엄하니   그 눈 매우 청정하며

부모 소생 육안으로   3천 세계 안팎의
미루산[2]과 수미산   그리고 철위산과

아울러 숲과 바다   큰 바다와 큰 강물
그 모두를 다 보니   아래로는 아비지옥

위로는 유정천까지   그 가운데 여러 중생
일체를 다 보나니   비록 천안은

가히 얻지 못하였으나   부모 소생 육안으로
보는 힘이 이 같음을   너희들은 바로 알라.

---

[2] 미루산(彌樓山, Meru) : 수미산 주위의 칠금산(七金山)이라고도 하고 칠금산 중에 있는 니민달라산이라고도 한다.

"또 상정진아, 만일 선남자·선여인이 이 경을 받아 지녀 읽고 외우거나 해설하고 옮겨 쓰면, 이런 사람은 1천 2백 귀의 공덕을 얻으리니, 이 청정한 귀로 삼천대천세계의 아비지옥에서 유정천에 이르기까지 그 안팎에 있는 가지가지의 음성과 소리를 들으리라. 코끼리·말·소 수레의 소리를 들으며, 우는소리와 탄식하는 소리며, 바라 치고 북치는 소리며, 종소리와 방울 소리, 또 웃는 소리와 말소리를 다 들으며, 남자 소리와 여자 소리며 사내아이와 계집아이들의 소리며, 법의 소리와 법 아닌 소리며, 괴로운 소리와 즐거운 소리며, 범부의 소리와 성인의 소리며, 기쁜 소리와 기쁘지 않은 소리며, 하늘에서 나는 소리와 용의 소리며, 야차와 건달바의 소리며, 아수라와 가루라의 소리며, 긴나라와 마후라가의 소리며, 불타는 소리와 물 흐르는 소리와 바람 부는 소리며, 비구와 비구니의 소리며, 성문과 벽지불의 소리며, 보살과 부처님의 소리를 다 분별하여 들으리라. 다시 요약하면, 3천대천세계의 안팎에 있는 일체의 소리를 비록 천이[3]는 못 얻었더라도 부모 소행의 청정한 귀로 다 들어 아나니, 이렇

---

3) 천이(天耳) : 초인적인 귀로 세상의 모든 소리를 놓치지 않고 듣는 기능이다.

게 가지가지 소리를 분별하여 들어도 이근[4]은 파괴되지 않느니라."

그때 세존께서 이 뜻을 거듭 펴시려고 다음과 같이 게송으로 말씀하셨다.

이 경전 수지하여	독송하고 해설하면
부모님께 받은 그 귀	청정하고 흐리잖아
이런 귀로 3천 세계	나는 소리 다 들되
코끼리 · 말 · 수레 · 소와	종과 방울 · 북 소리며
가야금과 비파 퉁소	피리 부는 소리들과
청정한 노래 소리	듣고 집착 아니하며
무수한 사람 소리	다 듣고 알아내고
여러 하늘 묘한 음악	그 소리도 다 들으며
남자 소리 · 여자 소리	동자와 동녀 소리
산천의 깊은 계곡	가릉빈가 소리와

---
4) 이근(耳根) : 6근의 하나로 청각기관 및 그 능력을 말한다.

명명⁵⁾새와 여러 새들의   아름다운 소리도 다 듣고
지옥에서 받는 고통   그 소리도 다 들으며

배고픈 아귀들이   먹을 것을 찾는 소리
많고 많은 아수라들   바닷가에 모여 가서

서로 주고 받는 말   그 큰 소리들을
이렇게 설법하는 이가   여기 편히 머물면서

그런 소리 다 들어도   이근은 상하지 않으며
시방 세계 가운데   금수들이 우는 소리

설법하는 그 사람은   여기에서 모두 듣고
그 여러 범천 세계   광음천⁶⁾과 변정천⁷⁾

---

5) 명명(命命) : 한 몸뚱이에 두 개의 머리가 달린 새로 설산(雪山)에 산다고 한다. 생생(生生), 공명(共命)이라고도 한다.
6) 광음천(光音天) : 극광정천(極光淨天)·광요천(光曜天)이라고도 한다. 광(光)을 말(음성)이라고 하는 의미로 이 천(天)이 말할 때 입으로부터 맑은 빛을 내어, 그 빛이 말이 된다고 일컬어진다. 색계제이선(色界第二禪), 제삼위(第三位)에 머무르는 천(天)이며 더할나위 없이 즐거운 천국이다.
7) 변정천(遍淨天) : 하늘의 신(神)들의 일종으로 색계(色界)의 제3의 정려처(靜慮處)에 있는 하늘이다.

유정천서 하는 말   여러 가지 소리들을
여기 머문 법사가   모두 얻어 듣고

일체 비구들과   많은 비구니들
경전 읽고 외우며   타인 위해 설하는 말

법사 여기 머물면서   그 소리를 다 듣고
또 다시 여러 보살   경전을 읽고 외며

타인 위해 설하고   그 뜻을 말하는
이와 같은 여러 음성   모두 다 잘 들으며

부처님 대 성존이   많은 대중 가운데서
중생 교화 하느라고   묘한 법을 연설커든

이 법화경 가지는 이   그 말씀을 다 들으며
삼천 대천 큰 세계   안팎의 모든 음성

아비지옥 아래에서   유정천의 위에까지
그 가운데 나는 소리   빠짐 없이 다 들어도

그 귀는 총명하여	이근이 성장하므로
모든 소리 능히 듣고	분별하여 아느니라.

법화경을 가진 이	천이는 못 얻고
부모 주신 귀일망정	그 공덕이 이렇노라.

"다시 상정진아, 만일 선남자·선여인이 이 경을 받아 지녀 읽고 외우거나 해설하고 옮겨 쓰면 8백의 코의 공덕을 성취하느니라. 이 청정한 코로 삼천대천세계 위와 아래 그리고 안과 밖의 여러 가지 많은 향기를 맡느니라. 수만나화[8]의 향기, 사제화[9]의 향기, 말리화[10]의 향기, 첨복화[11]의 향기, 바라라화[12]의 향기, 붉은 연꽃의 향기, 푸른 연꽃의 향기, 흰 연꽃의 향기, 꽃나무의 향기며 과일나무의 향기며, 전단향, 침수향, 다마라발향[13], 다가라향[14]과 천만 가

---

8) 수만나화(須曼那華) : 황백색의 꽃이 피는 향기가 진한 꽃이다.
9) 사제화(闍提華) : 금색의 꽃이 핀다.
10) 말리화(抹利華) : 금색의 꽃이 피고 중국남방에 있다.
11) 첨복화(瞻蔔華) : 노란색의 향기가 강한 꽃이 핀다.
12) 바라라화(波羅羅華) : 꽃뿐만 아니라 열매에서도 진한 향기를 내뿜는다고 한다.
13) 다마라발향(多摩羅跋香) : 향의 이름이다.
14) 다가라향(多伽羅香) : 향나무의 일종이다.

지의 향이며, 혹은 가루향과 둥근 향과 바르는 향의 향기를, 이 경전을 가진 이는 여기에 머물러서도 다 맡고 분별하여 알아내며, 또 중생들의 냄새를 맡되 코끼리·말·소·양 등의 냄새며, 남자·여자·사내아이·계집아이의 냄새를 맡고, 멀고 가까운 풀과 나무와 숲의 여러 가지 냄새를 다 맡아 분별하되 착오가 없느니라. 이 경전을 가진 이가 비록 이 세계에 머물러 있지만 또한 천상의 모든 하늘 냄새를 맡나니 파리질다라[15]와 구비다라[16]나무의 향기며, 만다라꽃[17]·마하만다라꽃·만수사꽃·마하만수사꽃의 향기면 전단향·침수향 그리고 가지가지의 말향과 여러 가지 꽃과 향기가 화합하여 풍겨 나오는 모든 하늘의 냄새나 향기를 맡아 알지 못하는 것이 없느니라.

또 천인들의 냄새를 맡으리니, 석제환인이 좋은 궁전에서 오욕락을 즐겨 유희하는 때의 냄새며, 혹은 훌륭한 법당에서 도리천을 위하여 설법할 때에 풍기는 향기, 여러 동산을 유희할 때에 풍기는 향기와 다른 나라의 남녀들 몸에서 나는 냄새를 멀리서 다 맡되, 이와 같이 전전

---

15) 파리질다라(波利質多羅) : 제석천의 정원에 있다는 나무이다.
16) 구비다라(拘鞞陀羅) : 사철 꽃이 피고 가을에 열매를 맺는다고 한다.
17) 만다라꽃(曼陀羅華) : 꽃이 아름답고 향기로워 보는 이로 하여금 마음을 기쁘게 해준다는 천상에 피는 꽃이다.

하여 범천에 이르고, 또 위로는 유정천의 모든 천인 냄새를 맡으며, 아울러 여러 하늘에서 태우는 향의 향기를 다 맡고, 성문과 벽지불 보살과 부처님의 몸에서 풍기는 향기를 멀리서도 잘 맡아 그 처소를 잘 아느니라. 이와 같이 많은 냄새를 맡을지라도 코는 파괴되지도 않고 착오도 없나니, 만일 분별하여 다른 사람을 위해 설하려 하면 그 생각과 기억이 틀림이 없으리라."

그때 세존께서 이 뜻을 거듭 펴시려고 다음과 같이 게송으로 말씀하셨다.

이런 사람 청정한 코
향기나 물건 냄새
이 세계 가운데의
갖가지로 다 맡으며

수만나 사제꽃 향
침수향과 계향들과
다마라향·전단향과
과일 향기 다 맡으며

남자 여자 중생들의
설법자는 멀리서도
온갖 냄새 또한 맡고
그 처소를 알아내며

대전륜왕 · 소전륜왕　　　　그 아들과 여러 군신
궁인들이 있는 곳을　　　　　냄새 맡고 알아내며

몸에 지닌 귀한 보배　　　　땅 속에 든 보물이나
전륜왕의 궁녀들을　　　　　냄새 맡고 알아내며

여러 사람 장신구와　　　　　의복이나 영락이며
갖가지로 바른 향을　　　　　냄새 맡고 알아내며

하늘이 걷거나 앉아서　　　　유희하고 신통함을
법화경 가진 이는　　　　　　냄새로 알아내고

여러 가지 꽃과 과일　　　　소등의 향기들을
경 가진 이 여기에서　　　　그 있는 곳 다 알며

산 깊은 험한 계곡　　　　　전단향의 꽃이 피면
그 가운데 있는 중생　　　　냄새 맡고 알아내며

철위산과 큰 바다　　　　　땅 속의 여러 중생
법 가진 이 냄새 맡고　　　그 있는 곳 알아내며

아수라의 남자 · 여자   그 여러 권속들이
투쟁하고 유희함을   냄새 맡고 알아내며

거칠고 넓은 광야   사자 · 코끼리 · 호랑이 · 이리
들소나 물소들   있는 곳을 맡아 알고

잉태한 여인 몸 속   남아인가 여아인가
중성[18]인가 사람 아닌[19]가를   냄새 맡아 알아내며

냄새 맡는 이런 힘은   처음 잉태한 이가
성취할는지 못할는지와   복자 낳을지를 알아내며

냄새 맡는 이런 힘은   남녀들이 생각하는 일과
탐 · 진 · 치의 마음과   선을 닦는 이를 알아내며

땅 속에 감추어진   금과 은과 많은 보배
구리그릇에 담긴 물건   냄새 맡아 알아내며

---

18) 중성(中性) : 생식기가 정상이 아닌 사람이다.
19) 비인(非人, amanuṣya) : 인간이 아닌 것, 사람이 아닌 것, 신(神)이
　　나 반신(半神)을 가리킨다. 사람과 대조가 되는 천룡팔부(天龍八部),
　　야차(夜叉), 악귀(惡鬼)등을 말한다.

가지가지 많은 영락 그 값을 모르더라도
귀천과 출처와 소재를 냄새 맡아 알아내며

천상의 그 많은 꽃 만다라꽃 · 만수사꽃
바라질다나무 등을 냄새 맡아 알아내며

천상의 여러 궁전 상 · 중 · 하의 차별과
보배꽃의 장엄함을 냄새 맡아 알아내며

하늘 동산 좋은 궁전 미묘한 법당에서
노래하고 유희함을 냄새로 맡아 알고

여러 하늘 법을 듣고 혹은 오욕 받을 때에
오며 가며 눕는 일을 냄새로 모두 알고

처녀들이 꽃과 향을 입은 옷에 장엄하고
두루 돌며 유희할 때 냄새 맡고 다 알며

이와 같이 전전하여 범천의 세계에서
선정에 들고 남을 냄새 맡아 알아내며

광음천과 변정천과　　　내지 유정천의
처음 나고 퇴몰함을　　　냄새 맡아 알아내며

많은 비구 대중　　　　　불법에 항상 정진하여
앉거나 경행하고　　　　 경전 읽고 외우며

혹은 숲 속 나무 아래　　 전심으로 좌선함을
경 가진 이 냄새 맡아　　 있는 곳을 알아내고

보살들 뜻이 굳어　　　　좌선하고 독송하며
인간 위해 설법함을　　　냄새 맡아 알아내며

방방곡곡 계신 세존　　　일체 공경 받으면서
중생 위해 설법함을　　　냄새 맡아 알아내며

부처님 앞에 있는 중생　 이 경 듣고 환희하며
법과 같이 수행함을　　　냄새 맡아 알아내니

보살의 번뇌 없는　　　　법의 코가 아니라도
이 경전 갖는 이의　　　 코 공덕은 이렇노라.

"또 상정진아, 만일 선남자·선여인이 이 경을 받아 지 녀 읽고 외우거나 해설하고 옮겨 쓰면 천이백의 혜의 공 덕을 얻으리니, 만일 좋은 것이나 나쁜 것이나 또 맛이 있고 없는 것과 여러 가지 쓰고 떫은 것이 그 혀에 닿으 면 다 좋은 맛으로 변하여 하늘의 감로수와 같이 달고 맛 있게 되느니라.

만일 이런 혀로 대중 가운데서 연설하면 깊고 미묘한 음 성이 생겨 듣는 이의 마음이 다 환희하고 쾌락하게 되리 라. 또 여러 하늘의 천자와 천녀가 제석과 범천의 여러 하 늘이 이런 깊고 미묘한 음성으로 연설하고, 순서 있게 하 는 설법을 다 와서 들으면, 또 여러 용왕과 용녀·야차· 야차녀·건달바녀·아수라·아수라녀·가루라·가루라 녀·긴나라·긴나라녀·마후라가·마후라가녀가 법을 듣기 위하여 다 와서 친근하고 공경하고 존중하며, 그리고 비구·비구니·우바새·우바이·국왕·왕자·군신들의 권속이며 소전륜왕·대전륜왕과 그 칠보·천자와 내외 권속이 각각 그들의 궁전을 타고 법을 들으려 오리라.

이 보살이 법을 잘 설하기 때문에 바라문과 거사와 나 라 안의 인민이 그 수명이 다하도록 모시고 따르며 공양 하리라. 또 여러 성문과 벽지불과 보살과 부처님이 항상 즐겨 보며, 이 사람이 있는 곳에는 여러 부처님께서 그를 향하여 설법하며, 그는 일체 부처님 법을 능히 다 받아 가져 깊고 미묘한 법의 음성을 내리라."

그때 세존께서 이 뜻을 거듭 펴시려고 다음과 같이 게송으로 말씀하셨다.

이런 사람 청정한 혀
먹고 씹는 모든 것

나쁜 맛을 받지 않고
감로의 맛 되느니라.

깊고 묘한 음성으로
여러 가지 인연 비유

대중 위해 설법하며
중생의 맘 인도커든

모두 듣고 환희하여
여러 하늘 용과 야차

좋은 공양 올리고
아수라와 모든 것들

공경하는 마음으로
이런 설법하는 이

함께 와서 법을 듣고
미묘한 음성으로

3천 세계 채우려면
크고 작은 전륜성왕과

그 뜻이 곧 이뤄지고
그의 일천 아들과 권속

공경한 맘 합장하여	항상 와서 법 들으며
여러 하늘 용과 야차	나찰[20]이나 비사사도
마음들이 환희하여	항상 즐겨 공양하며
범천왕과 마왕들과	자재천과 대자재천
이와 같은 하늘 중생	미묘한 그 음성을
얻어 듣기 즐겨하여	그 곳 찾아 항상 오고
여러 불자 부처님들	그 설법 들으시면
생각하여 수호하며	그 몸을 나투시리라.

"다시 상정진아, 만일 선남자·선여인이 이 경을 받아 지녀 읽고 외우거나 해설하고 옮겨 쓰면 8백 몸의 공덕을 얻느니라. 이런 사람이 얻는 청정한 몸은 깨끗하기가 유리와 같아 중생들이 그 몸을 보기 즐겨하며, 또한 그

---

20) 나찰(羅刹, rākṣasa) : 가외(可畏), 속질귀(速疾鬼), 호자(護者)라고 번역한다. 악귀의 이름으로 공중을 날아다니며 언제나 사람의 피와 살을 먹는다고 한다. 또 아방나찰(阿房羅刹)이라고 하여 지옥의 옥졸을 의미하기도 한다. 소머리에 사람손을 가진 나찰(牛頭羅刹), 말머리 형상을 가진 나찰(頭羅刹)등이 있으며 큰 힘을 가졌다고 한다.

몸이 청정하므로 삼천 대천 세계 중생들이 나고 죽는 때와 상하의 좋고 나쁜 것과 악한 곳과 선한 곳에 태어나는 일이 다 그 가운데 나타나느니라.

또 철위산과 대철위산과 수미산과 대수미산 등 여러 산과 그 가운데 있는 중생이 몸 가운데 다 나타나며, 아래로는 아비지옥에서 위로는 유정천까지의 많은 중생이 그 가운데 나타나느니라. 혹은 성문과 벽지불과 보살과 여러 부처님께서 설법하는 것이 다 그 몸 가운데 색과 모양으로 나타나느니라."

그때 세존께서 이 뜻을 거듭 펴시려고 다음과 같이 게송으로 말씀하셨다.

법화경을 수지한 이
맑고 깨끗한 유리 같아

그 몸이 청정하여
중생이 보고 기뻐하리.

깨끗하고 맑은 거울
청정한 보살 몸에서

여러 색상 비치듯이
세상 것을 다 보리니

홀로 스스로 밝게 알 뿐
삼천 세계 가운데

다른 사람은 못 보느니라
일체의 모든 중생

하늘·인간·아수라	지옥·아귀·축생의
이러한 여러 색상	그 몸에 나타나며

하늘 궁전 유정천과	철위산과 수미산
대수미산과 큰 바다	그 몸 안에 나타나며

부처들과 성문들과	불자와 보살들이
혹은 홀로 혹은 대중에서	설법함이 다 나타나며

무루법성[21] 미묘한 몸	비록 얻지 못하였으나
청정한 그 몸 안에	일체가 나타나느니라.

"다시 상정진아, 만일 선남자·선여인이 여래 멸도한 후 이 경을 받아 지녀 읽고 외우며, 해설하고 옮겨 쓰며 1천 2백 뜻의 공덕을 얻느니라. 청정한 의근[22]으로 한 게송이나 한 구절만을 들어도 한량없고 가이없는 뜻에 통

---

21) 무루법성(無漏法性) : 추악하지 않고 깨끗한 진실의 존재방식이다. 법성은 청정하여 번뇌의 더러움을 여의었음을 말한다.
22) 의근(意根) : 의(意)는 사량(思量), 근(根)은 강한 작용을 하는 힘을 갖는 것의 뜻이며, 의로서의 기능을 말한다. 육근의 하나이며 제6의식이 의지하는 곳이다.

달하여 알며, 그 한 구절이나 한 게송을 능히 연설하되 한 달 내지 넉 달 또는 일년 동안을 하리라. 그가 설하는 모든 법이 그 뜻을 따르되 다 실상과 같이 서로 위배되지 아니하며, 혹은 속세의 경서나 세상을 다스리는 언어나 학설, 생활하는 방법을 설할지라도 다 정법에 순하게 되리라. 삼천대천세계 6취 중생이 마음으로 행하는 바와 마음에 동작하는 바와 마음으로 논하는 바를 다 아나니, 비록 무루의 지혜는 얻지 못하였으나 그 의근이 이와 같이 청정하므로 이 사람이 사유함과 헤아리고 말하는 바가 다 불법으로 진실치 아니함이 없으며, 또한 이것은 이미 부처님의 경 가운데서 설하신 바이니라."

그때 세존께서 이 뜻을 거듭 펴시려고 다음과 같이 게송으로 말씀하셨다.

이런 사람 청정한 뜻 　　　영리하고 흐리잖아
미묘한 이 의근으로 　　　상·중·하의 법을 알고

한 게송만 듣더라도 　　　무량한 뜻 통달하며
법과 같이 설법하되 　　　한 달·넉 달·일 년이며

이 세계 안팎의
하늘 · 용과 인간들과

일체 모든 중생
야차와 여러 귀신

육취 중에 있는 것들
법화경을 가진 과보로

마음으로 생각함을
일시에 다 알며

백복으로 장엄한
중생 위해 하신 설법

시방의 수없는 부처님
다 듣고 수지하며

무량한 뜻 생각하고
시종 착오 없는 것은

한량없이 설법하며
법화경을 수지한 까닭이라.

법의 모양 다 알고
이름과 글도 통달하며

뜻에 따라 차례로 알며
아는 대로 연설하나니

이런 사람 하는 설법
이 법 연설하므로

모두 다 불법이니
두려움이 한 없고

법화경을 가진 이
비록 무루 못 얻어도

의근 청정하기 이 같아
이런 모양 갖추나니

이 사람 이 경 가져
일체 중생 위하면

착하고도 교묘한
분별하여 설법함은

희유한 경지 머물러서
환희하고 공경하며

천만 가지 언어로써
법화경을 수지한 까닭이라.

20. 상불경보살품(常不輕菩薩品)

 그때 부처님께서 득대세보살마하살(得大勢菩薩摩訶薩)에게 말씀하셨다.

 "너는 이제 마땅히 알라. 만일 비구·비구니·우바새·우바이 중에서 『법화경』 가진 이를 어떤 사람이 악한 말로 욕하고 비방하면 얻는 큰 죄보가 앞에서 말한 바와 같고, 그 얻은 공덕은 이제 말하는 바와 같이 눈·귀·코·혀·몸·뜻이 다 청정하리라.

 득대세야, 한량없고 가이없는 불가사의 아승지겁을 지난 오랜 옛날에 부처님이 계셨으니, 이름은 위음왕여래(威音王如來)·응공·정변지·명행족·선서·세간해·무상사·조어장부·천인사·불세존이며, 겁의 이름은 이쇠(離衰)요, 나라의 이름은 대성(大成)이었느니라. 그 위음왕께서 그 세상 가운데 하늘·인간·아수라들에게 설법하되 성문을 구하는 이에게는 사제법을 설하여 생·노·병·사를 극복하고 마침내 열반에 이르게 하시고 벽지불을 구하는 이에게는 십이인연법을 설해 주시고, 여러 보살에게는 아뇩다라삼먁삼보리를 인하여 육바라밀다를 설해주시어 마침내 부처님의 지혜에 들게 하셨느니라.

득대세야, 이 위음왕불의 수명은 40만억 나유타 항하의 모래수와 같은 겁이며, 정법이 세상에 머무는 겁 수는 1염부제[1]의 가는 티끌수와 같고, 상법의 세상 겁 수는 사천하의 가는 티끌수와 같으니, 그 부처님은 중생을 이익케 한 뒤에 멸도하셨고, 정법과 상법이 다 멸진한 뒤에도 그 국토에 다시 부처님이 나시니, 또한 이름이 위음왕여래 · 응공 · 정변지 · 명행족 · 선서 · 세간해 · 무상사 · 조어장부 · 천인사 · 불세존이었으니, 이와 같은 차례로 똑같은 이름의 부처님이 2만억이나 계셨느니라.

최초의 위음왕여래께서 멸도하시고 정법이 멸진한 뒤 상법 가운데 증상만의 비구가 큰 세력을 가졌더니 그때 상불경[2]이라는 한 보살 비구가 있었느니라. 득대세야,

---

[1] 염부제(閻浮提, jambu-dvipa) : 수미산의 남방에 있는 대륙으로, 사대주(四大洲)의 하나이다. 수미산을 중심으로 인간 세계를 동서남북의 4주로 나누는데, 염부제는 남주로, 인도 등은 염부제에 속한다고 한다.

[2] 상불경보살(常不輕菩薩, Sadāparibhūta) : 『법화경』제7권에 있는 보살로 재가(在家)한 이나 출가한 이를 가리지 않고, 만날 적마다 절을 하고는 "내가 당신들을 공경하고 감히 가벼이 여기지 않노니, 당신네가 마땅히 보살도를 수행하여 반드시 성불하게 되리라" 하였다. 이 말을 듣고 어떤이가 욕하고 꾸짖으며, 해치더라도 여기에 굴하지 않고, 늘 이와 같은 말을 되풀이했다고 한다.

무슨 인연으로 그를 상불경이라 이름하는지를 아느냐. 이 비구는 보는 바의 비구·비구니·우바새·우바이를 모두 다 예배하고 찬탄하여 말하기를 '나는 그대들을 깊이 공경하고 경만하게 생각하지 않나니, 왜냐하면 그대들은 모두 보살의 도를 행하여 반드시 성불하기 때문이니라' 고 하였느니라.

그 비구는 경전을 읽지도 않고 외우지도 아니하며 다만 예배만 행하였느니라. 멀리서 사부대중을 볼지라도 또한 쫓아가서 예배하고 찬탄하여 하는 말이 '나는 그대들을 경만하게 생각하지 않나니, 그대들은 다 반드시 성불하기 때문이니라' 고 하였느니라. 사부대중 가운데 진심을 내어 마음이 맑지 못한 사람들이 악한 말로 꾸짖고 욕하기를 '이 어리석고 무지한 비구야, 너는 어디서 와서 우리들을 경만히 생각하지 않는다고 하며, 또 반드시 성불하리라 수기까지 하느냐. 우리들은 이와 같이 허망한 수기는 받지 않겠노라' 하니, 이렇게 여러 해 동안을 두루 돌아다니며 항상 비웃음과 욕을 들을지라도 진심을 내지 않고 '그대들은 반드시 성불하리라' 고 말하였느니라.

그가 이런 말을 할 때 여러 사람들이 혹은 막대기나 기와·돌로 때리면 멀리 피해 달아나며, 오히려 큰 소리로

외치기를 '나는 그대들을 경만하게 생각하지 않나니 그대들은 모두 다 성불하리라'고 하였느니라.

그가 항상 이런 말을 하고 다녔으므로 증상만의 비구·비구니·우바새·우바이들은 그를 '상불경'이라 불렀었느니라.

이 비구가 임종할 때 위음왕불[3]께서 먼저 설하신 바 있는 『법화경』의 20천만억 게송을 허공으로부터 들어 다 수지하고 곧 위에서 말한 것과 같이 눈·귀·코·혀·몸·뜻이 청정하고 이 6근이 청정함을 얻고는 다시 2백만억 나유타 세의 수명을 더 얻어 많은 사람을 위하여 이 『법화경』을 설하였느니라. 이때 그를 천대하고 경멸하여 '상불경'이라 부르던 비구·비구니·우바새·우바이의 사부대중들이 큰 신통력과 요설변재력[4]과 큰 선적력[5]을 보며 그가 설하는 바를 듣고는 다 믿고 따라 순종하니, 이 보살은 다시 천만억 중생을 교화하여 아뇩다라삼먁삼

---

3) 위음왕불(威音王佛) : 『법화경』 상불경보살품에 나타나는 부처의 이름이다. 이 부처님의 이전에 다른 부처님이 없었다고 하며, 이 부처님은 아주 오래되었다고 하는 것의 대명사로서 「위음왕이래(威音王以來)」라고 사용된다.
4) 요설변재력(樂說辯才力) : 중생들이 원하는 바에 따라 자유자재로 법을 설하는 능력이다.
5) 선적력(善寂力) : 지혜의 힘이다.

보리에 머물도록 하였느니라. 그가 수명을 다한 뒤에는 2천억의 부처님을 친견하니 그 부처님들의 이름이 다 같이 일월등명[6]이며, 그 법 가운데 이 『법화경』을 설하고 그 인연으로 다시 2천억의 부처님을 친견하니 또한 운자재등왕불(雲自在燈王佛)이었으며, 이 여러 부처님 법 가운데서도 이 경전을 받아 지녀 읽고 외우며 여러 사부대중을 위해 설한 까닭에 항상 눈이 청정하고 귀·코·혀·몸·뜻의 근기가 청정하며, 사부대중 가운데서 설법하더라도 마음에 두려움이 없었느니라.

득대세야, 이 상불경보살마하살이 이와 같이 많은 부처님께 공양하고 공경하며 존중하고 찬탄하여 여러 선근을 심었으며, 수명을 다한 뒤에는 천만억의 부처님을 친견하여 여러 부처님 법 가운데서 이 경전을 설하고 공덕을 성취하여 성불하였느니라.

---

6) 일월등명불(日月燈明佛) : 이 부처님의 광명이 하늘에서는 해·달과 같고, 땅에서는 등불과 같으므로 일월등명불이라 한다. 오랜 겁전(劫前)에 나서 중생을 위하여 돈교(頓敎)·점교(漸敎)와 대승·소승의 여러 경을 설하고, 뒤에는 방편교가 그대로 일승진실교(一乘眞實敎)라고 보이어 『법화경』을 설법하였다. 2만 동명불(同名佛)이 계속 출현하여 설법하였으므로 2만 등명불이라고도 한다. 최후에 일월등명불이 묘광보살에게 『법화경』을 설하였고, 묘광은 또 대중에게 설하여 청중 800명 중에 구명보살(求名菩薩)이 있었다. 묘광보살은 지금의 석가이며 구명보살은 미륵이라 한다.

득대세야, 너의 생각은 어떠하냐. 그때의 상불경 비구가 어찌 다른 사람이겠느냐. 그 사람이 바로 내 몸이었느니라. 만일 속세에 내가 이 경전을 받아 지녀 읽고 외우며 다른 사람을 위해 설하지 아니하였다면 나는 아뇩다라삼먁삼보리를 빨리 못 얻었을 것이다. 내가 앞에 계신 부처님들로부터 이 경전을 받아 지녀 읽고 외우며 다른 사람을 위하여 설하였기 때문에, 이 아뇩다라삼먁삼보리를 이렇게 빨리 얻은 것이니라.

득대세야, 그때 사부대중인 비구·비구니·우바새·우바이들은 진심을 내어 나를 경멸한 때문에 2백억 겁 동안에도 부처님 한 번 못 만나 뵙고 법을 못 들었으며, 또한 스님도 보지 못하였으며, 천 겁 동안을 아비지옥 속에서 큰 고통을 받고, 그 죄보가 다한 뒤에는 다시 상불경 보살의 교화로 아뇩다라삼먁삼보리를 얻게 되었느니라.

득대세야, 너의 생각은 어떠하냐. 그때 상불경보살을 항상 경멸한 이들이 어찌 다른 사람이랴. 이 회중 가운데 있는 발타바라[7] 등 5백 보살과 사자월(師子月) 등의 5백

---

7) 발타바라(跋陀婆羅, Bhadrapāla) : 현겁(賢劫) 천불(天佛)의 하나로, 발타바라(跋陀波羅)·발타화라(跋陀和羅)·발타화(跋陀和)·발타라파리(跋陀羅波梨)라고도 쓰며, 선수(善手)·현호(賢護)라 번역한다.

비구니와 사불(思佛)등의 5백 우바새로서 다 아뇩다라삼먁삼보리에서 물러나지 않는 이들이니라.

득대세야, 마땅히 알라. 이 『법화경』은 여러 보살마하살을 크게 이익케 하고 아뇩다라삼먁삼보리에 이르게 하나니, 그러므로 보살마하살은 여래께서 멸도한 뒤에는 이 경전을 받아 지녀 읽고 외우며 해설하고 옮겨 쓸지니라."

과거에 한 부처님	그 이름이 위음왕불
신통 지혜 무량하사	일체 중생 인도할새
하늘·인간·용·귀신	정성스런 공양 받고
이 부처님 멸도하여	법 또한 다할 때에
보살 한 분 계셨으니	이름하여 상불경
그때에 사부대중	법마다 집착커늘
상불경 그 보살이	곳곳마다 찾아가서
말하여 이르는 말	'그대 경멸 않나니

도 행하는 그대들도
이 말 들은 여러 사람

상불경 그 보살은
숙세의 죄 다한 후

이 경전 얻어 들어
신통력을 쓰는 때문

다시 중생 위하여
법에 걸린 뭇 중생들

빠짐 없이 성취하여
그 보살은 임종한 후

이 경전을 설한 인연
공덕을 점점 갖춰

그때의 상불경은
상불경을 경멸하던

모두 다 성불하리라'고
비방하고 욕을 해도

능히 받아 다 참으며
임종할 때 이르러서

6근이 청정하고
수명 또한 더하였노라.

이 경 널리 설하니
그 보살의 교화로

부처님 도 다 이루며
많은 부처 만나 뵙고

무량한 복 받아서
성불 빨리 했느니라.

바로 내 몸이고
사부대중들은

내가 준 성불 수기	모두 받은 인연으로
한량없고 가없는	부처님을 만나 뵈온

이 가운데 5백 보살	청신사[8]와 청신녀[9]도
나의 앞에 지금 와서	법을 듣는 이들이라.

나는 지난 세상	많은 사람 권하여서
제일 되는 이 법을	듣고 받게 하였으며

보이고 가르쳐서	열반에 잘 머물러
세세에 이 경전을	수지토록 하였으며

억만 겁 오랜 세월	불가사의 얻게 하려
항상 이 법 듣게 하고	열어 뵈고 가르치며

---

8) 청신사(淸信士) : 남성의 재속신자로 삼귀오계(三歸五界)를 받아 불교도가 된다.
9) 청신녀(淸信女) : 신녀라고도 하며 재가여자(在家女子)인 불교신자, 삼귀오계(三歸五界)를 받아 청정(淸淨)한 신(信)을 갖추고 있는 여자를 말한다.

천만이나 억만 겁
여러 부처 세존께서

불가사의 이르도록
항상 이 경 설하시니

그러므로 도 닦는 이
이 경전을 듣고

부처님 멸도 후에
의혹된 맘 내지 말며

한결 같은 마음으로
세세에 부처님 만나

이 경전 설법하면
빨리 성불하리라.

21. 여래신력품(如來神力品)

 그때 땅에서 솟아나온 천 세계의 티끌수 같은 보살마하살이 모두 부처님 앞에서 일심으로 합장하고 부처님 존안을 우러러보며 여쭈었다.

 "세존이시여, 저희들은 부처님께서 열반하신 뒤 세존의 분신들이 계시다가 멸도하신 곳에 가서 이 경을 설하오리다. 왜냐하면, 저희들도 이 진실되고 청정한 큰 법을 받아 가지고 읽고 외우며, 해설하고 옮겨 쓰며, 이를 공양하려는 때문이나이다."

 그때 세존께서 오랜 전부터 머물러 있던 문수사리 등 한량없는 백천만억의 보살마하살과 여러 비구·비구니·우바새·우바이와 하늘·용·야차·건달바·아수라·가루나·긴나라·마후라가·사람인 듯 아닌 듯한 것 등의 온갖 중생들 앞에서 큰 신통력을 나타내셨다. 넓고 긴 혀를 내시니 위로는 범천까지 이르며, 일체의 털구멍에서는 한량없이 많은 광명이 나타나 시방 세계를 두루 비추며, 또한 보배나무 아래의 사자좌에 앉으신 많은 부처님들께서도 그와 같이 넓고 긴 혀[1]를 내시어 광명을 놓으셨다. 이렇게 석가모니불과 보배나무 아래 계신 많은 부처님들은 백천 년 동안 신통력을 내신 뒤에야 다시 혀를 거두시며, 이때 큰 기침을 하시며 함께 손가락을 튕기시니[2], 이 두 가지 소리가 시방의 부처님 세계에 두루하게 들려 땅이 여섯 가지로 진동[3]하였다.

그 가운데 하늘·용·야차·건달바·아수라·가루나·긴나라·마후라가·사람인 듯 아닌 듯한 중생들이 부처님의 신통력으로 보배나무 아래의 사자좌에 앉으신 한량없고 가없는 백천만억의 여러 부처님과 석가모니불께서 다보여래와 함께 보배탑 안의 사자좌에 앉아 계신 것을 이 사바세계에서 다 보면, 또 한량없고 가없는 백천만억의 보살마하살과 여러 사부대중이 석가모니불을 둘러싸고 공경함을 보고 다 크게 환희하여 미증유를 얻었다.

그때 모든 하늘의 허공 중에서 큰 소리가 났다.

'이 한량없고 가없는 백천만의 아승지의 세계를 지나서 한 세계가 또 있으니, 그 이름은 사바세계요, 그 세계

---

1) 넓고 긴 혀 : 삼십이상(三十二相)의 하나로, 부처님의 혀가 긴 것을 지칭한다.
2) 손가락을 튕김 : 손가락 한 번 튕기는 동안을 말한다. 즉 아주 짧은 시간을 가리킬 때 쓰는 말이다.
3) 여섯 가지로 진동함 : 세간에 상서가 있을 때 대지가 진동하는 여섯 가지 모양을 말한다.

에서 계신 부처님은 석가모니불이라고 하느니라. 지금 그 부처님께서 여러 보살마하살을 위하여 대승경을 설하시니, 이름이 『묘법연화경』으로, 보살을 가르치는 법이며 부처님께서 생각하는 바이니, 그대들은 마음 깊이 따라 기뻐하고 또한 마땅히 예배 공양할지니라.'

 그때 여러 중생들이 허공 중에서 들리는 이 소리를 듣고 사바세계를 향하여 합장하고 '나무석가모니불, 나무석가모니불' 하고 부르며, 가지가지 꽃과 향과 영락과 번개와 그리고 많은 장신구들인 진귀하고 아름다운 보물들을 다 함께 사바세계에 흩었다. 그 흩은 여러 가지 물건은 구름처럼 시방에서 몰려 와서 변하여 보배장막으로 이 세상의 부처님들 위를 덮으니, 이때 시방 세계는 통달하여 걸림 없는 것이 하나의 불국토와 같았다.

 그때 부처님께서 상행[4]등 많은 보살 대중에게 말씀하셨다.

 "모든 부처님의 신통력은 이와 같이 한량없고 가없으며 또한 불가사의하니라. 만일 내가 이 신통력으로 한량없고 가없는 백천만억 아승지겁 동안 부촉하기 위하여

---

4) 상행보살(上行菩薩) : 석존이 『법화경』을 말할 때에 말대(末代)의 5탁(濁) 악세(惡世)에 나서 이 경을 널리 퍼뜨리라고 부촉한 보살 중에 우두머리 되는 보살이다.

이 경의 공덕을 설할지라도 오히려 그를 다하지 못하리라. 그러므로 중요한 것만을 말하면, 여래의 일체법과 여래의 일체 자재한 신통력과 여래의 일체 비밀한 법장과 여래의 일체 깊은 일을 이 경에서는 선설하여 펴 보이었느니라. 그러므로 너희들은 여래께서 멸도하신 뒤 일심으로 받아 가지고 읽고 외우며, 해설하고 옮겨 쓰며 설함과 같이 수행할지니, 너희들이 있는 국토에서 받아 가지고 읽고 외우며 해설하고 옮겨 쓰며 설함과 같이 수행하라.

이 경권이 머무는 곳이 혹은 동산이거나 산림 가운데거나 나무 아래 승방이거나 서민의 집이거나 전당 산곡이나 들판일지라도 응당 그곳에 탑을 쌓을 것이니, 왜냐하면 이곳은 모두 도량으로 여러 부처님께서 이곳에서 아뇩다라삼먁삼보리를 얻으시며, 또 여러 부처님께서 이곳에서 열반하시기 때문이니라."

그때 세존께서 이 뜻을 거듭 펴시려고 다음과 같이 게송으로 말씀하셨다.

큰 신통력에 머무시는	부처님 세존께서
중생을 기쁘게 하려	무량 신통 나타내니

혀는 길어 범천까지
부처님 도 구하는 이

그때 나는 기침 소리
시방의 모든 세계

부처님 멸도한 뒤
여러 부처 환희하사

이 경 부촉 위하므로
무량한 겁 다하여도

이런 사람 공덕은
시방의 허공 같아

능히 이 경 갖는 이
다보불과 여러 분신

내가 오늘 교화하는
이 경전 갖는 이는

몸에 놓는 밝은 광명
그를 위해 나타내며

손가락을 또 튕기시니
육종으로 진동하며

이 경 능히 가지므로
무량 신통 나타내며

경 가진 이 찬탄하되
능히 다하지 못하리니

가없이 무궁하여
재어 볼 길 없느니라.

내 몸을 보게 되며
또한 만나 뵙고

많은 보살 보게 되며
나와 또 나의 분신

멸도하신 다보불과
시방에 계신 부처

친근하고 공양하며
부처님이 도량에서

이 경전 갖는 이는
또한 이 경 갖는 이

명자들과 언사들을
허공 중에 바람같이

여래 멸도하신 후
인연과 차례 알아

일월의 밝은 광명
이런 사람 행하는 일

무량한 보살 가르쳐
이러므로 지혜로운 이

일체를 환희케 하며
과거·미래 부처님께

환희토록 하게 하고
얻으신 비밀한 법

멀지 않아 얻어 보며
여러 법의 묘한 뜻과

무궁하게 설하기를
걸림 하나 없느니라.

부처님 설하신 경
뜻을 따라 설법하되

온갖 어둠 걷혀내듯
중생의 어둠 멸해 주어

일승에 머물게 하니
공덕 이익 받아서

내가 멸도한 후 이 경전 수지할지니
이런 사람 불도에 의심 없이 들리라.

22. 촉루품(囑累品)

그때 석가모니불께서 법의 자리에서 일어나 큰 신통력을 나타내시어, 오른손으로 한량없이 많은 보살마하살의 머리를 어루만지시고 이렇게 말씀하셨다.

"내가 한량없는 백천만억 아승지겁에 이 얻기 어려운 아뇩다라삼먁삼보리법을 닦고 익혀 지금 너희들에게 부촉하나니, 너희들은 응당 일심으로 이 법을 닦고 익혀 지금 너희들에게 부촉하나니, 너희들은 응당 일심으로 이 법을 널리 펴서 이롭게 하리라."

그 보살들의 머리를 세 번이나 어루만지시고 다시 이렇게 말씀하셨다.

"나는 한량없고 가없는 백천만억 아승지겁에 이 얻기 어려운 아뇩다라삼먁삼보리를 닦고 익혀 지금 너희들에게 부촉하나니, 너희들은 이 법을 받아 지녀 읽고 외우며 널리 선설하여 일체 중생으로 하여금 듣게 하고 알게 할지니라. 왜냐하면, 여래는 큰 자비가 있어 무엇이나 아끼고 인색함이 없어 두려울 바가 없고, 또 중생들에게 부처님의 지혜와 여래의 지혜와 자연의 지혜를 능히 주시기 때문이니라. 여래는 일체 중생의 큰 시주[1]이시니, 여래의 법을 따라 배우되 아끼거나 인색한 마음을 내지 말지니라. 앞으로 오는 세상에 만일 선남자·선여인이 있어 여래의 지혜를 믿는 이에게는 이 『법화경』을 마땅히 연설해 주어, 얻어듣게 하고 알게 할 것이니, 그 사람으로 하여금 부처님 지혜를 얻게 하려 하기 때문이니라. 또 만일 어떤 중생이 믿지 않고 받지 않으면 여래의 다른 깊고 미묘한 법 가운데서 보이고 가르쳐 이익되고 기쁘게 할지니라. 만일 너희들이 이와 같이 하면 이것이 곧 여러 부처님의 은혜를 갚을 것이니라."

그때 여러 보살마하살이 부처님께서 이와 같이 말씀하시는 것을 듣고 몸 가득히 기쁨이 차서 더욱 공경하고 허리를 굽히고 머리를 숙여 예배하고 부처님을 향하여 합장하고 다 같이 여쭈었다.

"세존께서 분부하신 바와 같이 마땅히 갖추고 받들어 행하겠사오니, 원컨대 세존이시여, 걱정하지 마옵소서."

그때 석가모니불께서 시방에서 오신 여러 분신 부처

---

[1] 시주(施主, dātṛ) : 베품을 행하는 사람, 베푸는 사람, 보시하는 사람, 은혜를 베푸는 사람을 말한다. 또는 비용을 지출하여 베다의 제사를 실행하는 사람, 스스로 돈을 내어 법회를 열고, 또 수행승을 공양하는 사람을 말한다.

님들을 각각 본국에 돌아가도록 하시며 이런 말씀을 하셨다.

"여러 부처님께서 편안히 돌아가시고 또한 다보불탑도 다시 전과 같이 돌아가옵소서."

석가모니불께서 이렇게 말씀하실 때에, 보배나무 아래의 사자좌에 앉아 계시던 시방 세계의 한량없는 많은 분신불과 그리고 다보불과 아울러 상해 등의 가이없는 아승지 보살 대중과 사리불 등 성문의 사부대중과 일체 세간의 하늘·인간·아수라 등이 부처님께서 하신 설법을 듣고 모두 다 크게 기뻐하였다.

23. 약왕보살본사품(藥王菩薩本事品)

그때 수왕화보살[1]이 부처님께 여쭈었다.

"세존이시여, 약왕보살은 어찌하여 이 사바세계에 노니시나이까. 이 약왕보살은 백천만억 나유타 어려운 고행들을 수행하였나이까. 거룩하신 세존이시여, 원하오니 간략히 설하여 주옵소서. 여러 하늘·용·귀신·야차·건달바·아수라·가루나·긴나라·마후라가·사람인 듯 아닌 듯한 것들과 다른 국토에서 온 여러 보살과 이 성문 대중들이 들으면 다 기뻐하오리다."

그때 부처님께서는 수왕화보살에게 말씀하셨다.

"지난 과거 한량없는 항하의 모래수 같은 겁에 부처님이 계셨으니, 이름은 일월정명덕여래(日月淨明德如來)·응공·정변지·명행족·선서·세간해·무상사·조어장부·천인사·불세존이었느니라. 그 부처님께는 80억의 많은 보살마하살이 있었으며, 또한 72항하의 모래 같은 수의 성문 대중이 있었으며, 부처님의 수명은 4만 2천겁이요, 보살의 수명도 또한 같았으며, 그 국토에는 여

---

1) 수왕화보살(宿王華菩薩) : 성수(星宿)의 왕에 의해 신통력을 발휘한 자란 뜻이다.

자와 지옥과 아귀와 축생과 아수라 등과 여러 가지 어려운 일이 없었느니라.

땅은 손바닥처럼 평평하여 유리로 이루어지고 보배나무로 장엄되었으며, 보배 장막을 위에 덮어 보배꽃의 번개를 드리우고, 보배의 법과 향로가 나라에 두루하였으며, 보배로 만든 좌대가 한 나무에 한 개씩 있으니 그 나무들의 거리는 화살 한 개 사이라. 이 보배나무 아래에는 보살과 성문이 다 앉아 있고, 또 보배의 좌대 위에는 백억이나 되는 여러 천신들의 하늘 음악을 울리고 노래로 부처님을 찬탄하며 공양하였느니라.

그때 그 부처님께서는 일체중생희견보살과 또 다른 보살 대중 그리고 성문의 대중들을 위하여 법화경을 설하셨느니라. 이 일체중생희견보살이 고행을 즐겨 익히고 일월정명덕불의 법 가운데서 정진하고 수행하여 1만 2천 년 동안을 일심으로 부처님을 구하더니, 마침내 현일체색신삼매[2]를 얻었느니라. 이 삼매를 얻은 일체중생희견보살은 마음이 크게 환희하여 생각하기를 '내가 이

---

2) 현일체색신삼매(現一切色身三昧) : 약칭하여 보현삼매(普賢三昧)라 한다. 묘음관음과 같이 자재(自在)로이 일체중생의 색신(色身)을 나타내 보이는 삼매의 이름이다.

일체색신삼매를 얻은 것은 다 이 『법화경』을 들은 힘 때문이니라. 나는 이제 일월정명덕불과 『법화경』에 마땅히 공양하리라' 하고, 즉시 이 삼매에 들어가 허공 가운데 만다라꽃·마하만다라꽃과 가늘고 검은 전단향을 가득하게 구름처럼 내리며, 또는 해차안전단향[3]을 비오듯 내리니, 이 향은 6수[4]가 되는데 그 값은 사바세계와 같으니라.

이러한 공양을 마치고 삼매에서 일어나 스스로 생각하기를 '내가 비록 신통력으로 부처님께 공양하였으나, 몸으로써 공양하는 것만 같지 못하리라' 하고, 곧 여러 가지 전단·훈륙[5]·도루바[6]의 향과 필력가[7]·침수·교향[8]들을 먹고, 또 1천 2백 년 동안 첨복 등의 꽃 향유를 마시며, 또 몸에 바르고 일월정명덕불 앞에서 하늘 보배옷으로 스스로 몸을 감고 거기에 향유를 부어 적신 뒤 신통력

---

3) 해차안전단향(海此岸栴檀香) : 수미산 내해(內海)의 이쪽 기슭, 즉 염부제의 남단에서 나는 전단향이다.
4) 수(銖) : 무게의 단위로 1냥(兩)의 24분의 1이다.
5) 훈륙(薰陸) : 유향(乳香)을 말한다. 송진과 비슷한 수지(樹脂)로 황색을 띠고, 불속에 넣으면 좋은 향기가 나기 때문에 소향(燒香)이라 하여 귀하게 여긴다.
6) 도루바(兜樓婆) : 향초(香草)의 하나이다.
7) 필력가(畢力迦, prkkā) : 목숙향(目蓿香)·촉향(觸香)이라고 한역한다.
8) 교향(膠香) : 백교향(白膠香)이다.

의 발원으로써 몸을 태우니, 그 광명이 80억 항하의 모래 같은 세계를 두루 비추었느니라.

그때 그 세계 부처님들께서 동시에 찬탄하셨느니라.

'착하고 착하다! 선남자야 이것이 참된 정진이니라. 또한 이것이 여래께 드리는 참된 공양이니라. 만일 꽃과 향과 영락·소향·말향·도향이나 하늘 비단으로 된 번개와 해차안의 전단향, 이와 같은 여러 가지 물건을 공양하더라도 능히 이에 미치지 못할 것이며, 혹은 왕국이나 처자를 보시하더라도 또한 이에 미치지 못하느니라. 선남자야, 이것을 제1의 보시라 하나니, 여러 가지 보시 중에 가장 높은 보시가 되는 것은 법으로써 모든 여래를 공양하기 때문이니라.'

이런 말씀들을 하시고는 모두 잠자코 계셨느니라. 그 몸이 1천 2백년 동안을 탄 뒤에야 몸이 다하였느니라. 이와 같이 일체중생희견보살이 몸을 다 태워 법 공양을 마친 후, 다시 일월정명덕불의 국토 가운데 정덕왕(淨德王) 집에 결가부좌하고 홀연히 화생하여 그의 아버지께 게송을 읊었다.

대왕이신 아버지여 마땅히 아옵소서 나는 저 땅에서 오래도록 경행하여현일체색신삼매를 잘 얻었으며 　또한 그 삼매에 들었나이다.

부지런히 큰 정진 행하려는 뜻 　아끼던 내 몸까지 선뜻 버리고
거룩하신 세존께 공양을 하니 　위없는 큰 도 구하기 위함이었나이다

　이 게송을 다 마치고 아버지께 또 말하였느니라.
　'일월정명덕불이 아직도 계시나니, 제가 먼저 공양을 마치고 해일체중생어언다라니[9]를 얻고, 다시 이 『법화경』의 8백 천만억 나유타인 견가라[10]·빈바라[11]·아축바[12]등의 게송을 들으려니 대왕이시여, 제가 지금 돌아가 이 부처님께 공양하려 하나이다'고.
　이 말을 마치고 칠보의 좌대에 앉아 허공으로 오르니 그 높이가 7다라수나 되었느니라. 부처님 계신 데에 가

---

9) 해일체중생어언다라니(解一切衆生語語陀羅尼, sarva-ruta-anugata) : 모든 중생의 음성을 이해하는 것에 교묘하다고 하는 다라니의 뜻이다. 다라니는 dhāraṇī를 소리나는 대로 쓴 것으로 법을 마음에 머물게 하여 잃지 않게 하는 능력을 말한다.
10) 견가라(甄迦羅, kaṅkara) : 수(數)의 이름으로 천만억을 나타낸다.
11) 빈바라(頻婆羅) : 빈발라(頻跋羅)라 쓰며, 새롭게는 비바하(毘婆訶)라 한다. 또는 수량의 이름으로 십조(十兆)에 해당한다.
12) 아축바(阿閦婆) : 스무 자리의 수이다.

서는 머리 숙여 예배하고 열 손가락을 모아 합장하여 게송을 읊었다.

존안이 기묘하고 아름다운 세존께서	시방 두루하게 광명을 놓으시니
오랜 옛날 일찍이 공양을 하였지만	지금 다시 와서 친근하나이다.

그때 일체중생희견보살이 이 게송을 다 마치고 부처님께 여쭙기를, '세존이시여, 세존께서 아직도 계시나이까' 하였느니라. 그때 일월정명덕불이 일체중생희견보살에게 말씀하셨느니라.

'선남자야, 나는 열반할 때가 이르렀으며 멸도할 때가 이르렀노라. 너는 자리를 편안히 펴라. 나는 오늘 밤 열반에 들리라' 하시고, 또 일체중생희견보살에게 분부하시기를 '선남자야, 내가 부처님의 법으로써 모든 보살과 큰 제자와 너에게 아뇩다라삼먁삼보리의 법을 부촉하노라. 또 삼천 대천 칠보의 세계와 여러 보배나무의 좌대와 시봉하는 여러 하늘을 다 너에게 부촉하며, 내가 멸도한 후 있을 사리도 또한 너에게 부촉하나니, 그것을 잘 유포하고 널리 공양토록 하며, 응당 몇 천의 탑을 일으킬지니라' 하시고는 일월정명덕불께서 그날 밤중에 열반에 드셨느니라.

 그때 일체중생희견보살이 부처님께서 멸도하심을 보고 슬퍼하고 오뇌하며, 부처님을 모시고 불태우고, 불이 다 꺼진 뒤에 사리를 거두어 8만 4천의 보배 항아리를 만들고 8만 4천의 탑을 일으키되, 3세계보다 높고 표찰[13]을 장엄하게 하며, 여러 가지 번개를 느리고 가지가지 보배 방울을 달았느니라. 그때 일체중생희견보살이 스스로 생각하기를 '내가 비록 이와 같이 공양을 하였으나, 마음에 아직 흡족하지 않으니 다시 사리를 공양하리라' 하고 곧 여래 보살과 대제자와 하늘·용·야차 등의 일체 대중에게 말하기를 '그대들은 일심으로 생각하라. 나는 지금 일월정명덕불의 사리를 공양하려 하느니라' 하고, 백복으로 장엄한 팔을 8만 4천 탑 앞에서 태워 7만 2천 년 동안을 공양하고, 무수히 많은 성문을 구하는 대중과 한량없이 많은 아승지 대중들에게 아뇩다라삼먁삼보리의 마음을 내게 하고, 현일체색신삼매를 다 얻어 머물게 하였느니라. 그때 여러 보살과 하늘과 인간·아수라 등이 그 팔이 없어진 것을 보고 걱정하고 슬퍼하며 말하기

---

13) 표찰(表刹, chattra) : 찰은 찰다라(刹多羅)의 준말이며 당간(幢竿)을 말한다. 곧 탑의 꼭대기에 솟아 세운 당간을 표찰이라 한다.

를 '저 일체중생희견보살은 우리들의 스승으로 우리들을 교화하시거늘, 이제 팔을 태우셨으니 몸이 구족치 못하시도다' 하였느니라.

이때 일체중생희견보살은 대중 가운데서 이렇게 맹세하였느니라. '나는 이 두 팔을 버렸으니 이제 반드시 부처님의 금색의 몸을 얻으리라. 만일 나는 이런 일이 참되고 헛되지 아니하며 나의 이 두 팔을 옛날처럼 회복되리라.'

이 맹세를 마친 뒤 과연 두 팔이 옛날처럼 회복되니, 이것은 이 보살의 복덕과 지혜가 두터운 까닭이니라. 그때 삼천대천세계가 6종으로 진동하고 하늘에서는 보배꽃이 비오듯 내리며, 모든 하늘과 인간은 미증유함을 얻었느니라."

부처님께서 수왕화보살에게 말씀하셨다.

"수왕화야, 너는 생각은 어떠하냐. 일체중생희견보살이 어찌 다른 사람들이겠느냐. 지금의 약왕보살이 바로 그이니라. 그가 이렇게 몸을 버려 보시한 것은 이와 같이 한량없는 백천만억 나유타 수이니라. 수왕화야, 만일 발심하여 아뇩다라삼먁삼보리를 얻으려면 손가락이나 발가락 하나를 태워서 부처님의 탑에 공양할지니, 이렇게 하면 국토나 처자나 또는 삼천 국토의 산·숲·하천·못 등과 여러 가지 보배나 진귀한 물건으로 공양하는 것보다 나으니라. 또 어떤 사람이 칠보를 삼천대천세계에 가득 채워 부처님과 큰 보살과 벽지불과 아라한에게 공양할지라도 이 사람이 얻는 공덕은 『법화경』의 4구의 게송 하나를 받아가져 얻는 복만 못하느니라.

  수왕화야, 비유하면 모든 냇물이나 강물 등의 여러 가지 물 가운데서 바다가 제일이듯이, 이 『법화경』도 또한 마찬가지로 모든 여래께서 설법하신 경전 가운데 그 뜻이 가장 깊고 가장 위가 되어 제일이니라. 또 토산·흑산[14]·소철위산·대철위산과 십보산[15] 등의 여러 산 가운데 수미산이 제일이듯이 이 법화경도 또한 마찬가지로 여러 경전 가운데 제일이니라. 또 뭇별 가운데 달이 제일이듯이 이 『법화경』도 또한 마찬가지로 여러 경전 가운데 가장 밝게 비추이느니라. 또 태양이 모든 어둠을 제거하듯이 이 경도 마찬가지로 일체의 착하지 못한 어둠을 제거하

---

14) 흑산(黑山, kīṭādri) : 대철위산(大鐵圍山)과 소철위산(小鐵圍山) 사이에 암흑인 곳을 말한다.
15) 십보산(十寶山) : 열개의 큰산이며 십산왕(十山王)이라고도 한다. 설산·향산·비타리산·신선산·유건타산·마이산·니민타라산·작가라산·계도제산·수미로산을 말한다.

느니라. 또 여러 소왕 가운데 전륜성왕이 제일이듯이 이 경도 마찬가지로 여러 경전 가운데 가장 높아 위가 되느니라. 또 제석천이 33천에서 왕이듯이 이 경도 마찬가지로 여러 경전 가운데서 왕이 되느니라. 또 대범천왕이 일체 중생의 아버지가 되듯이 이 경전도 마찬가지로 일체 현성[16]과 아직 배우는 이나 다 배운 이, 그리고 보살의 마음을 낸 사람들이 아버지가 되느니라.

또 모든 범부 가운데 수다원·사다함·아나함·아라한·벽지불이 제일이듯이 이 경도 마찬가지로 일체 여래와 보살과 성문들의 설법인 여러 경전 가운데서 가장 제일이니라. 또한 이 경을 수지한 이도 이와 같아 일체 중생 가운데 제일이니라. 또 일체 성문이나 벽지불 가운데 보살이 제일이듯이 이 경도 마찬가지로 일체 경전 가운데 제일이니라. 부처님께서 모든 법의 왕이 되듯이 이 경도 또한 마찬가지로 여러 경 가운데 왕이 되느니라.

수왕화야, 이 『법화경』은 능히 일체 중생을 구원하며, 이 경은 능히 일체 중생의 모든 고뇌를 여의게 하고, 이 경은 능히 일체 중생을 크게 이익케 하여 일체 중생의 소원을 충만케 하나니, 맑고 시원한 못이 일체의 목마른 사

---

16) 현성(賢聖) : 현명한 사람, 성자, 성인, 성스러운의 뜻이다.

람들을 채워 주는 것과 같으며, 추워 떨던 사람이 불을 얻은 것과 같고, 벗은 이가 옷을 얻은 것과 같으며, 상인이 물건의 주인을 얻은 것과 같고, 아들이 어머니를 만난 것과 같으며, 나루에서 배를 얻은 것과 같고, 병든 이가 의사를 만난 것과 같으며, 어둔 밤에 등불을 만난 것과 같고, 가난한 사람이 보배를 얻은 것과 같으며, 국민들이 현명한 지도자를 만난 것과 같고, 행상이 바다를 얻은 것과 같으니라.

이와 같이 『법화경』은 중생들의 일체 고통과 일체 질병을 여의게 하여 능히 일체 생사 속박에서 해탈케 하느니라. 그러므로 만일 어떤 사람이 이 『법화경』을 듣고 스스로 쓰거나 만일 다른 사람을 시켜 쓰면, 그 얻는 공덕은 부처님의 지혜로 그 많고 적음을 헤아리어도 그 끝을 알 수 없느니라. 혹은 이 『법화경』을 써서 꽃·향·영락·소향·말향·도향과 번개·의복과 가지가지의 등인 소등·유등·향유등·첨포유등·수만나유등·바라유등·바리사가[17]유등·나바마리[18]유등으로 공양하더라도 그 얻는 공덕은 또한 한량없느니라.

---

17) 바리사가(婆利師迦, vārṣika) : 하생화(夏生花), 우사화(雨時花)라 한역한다. 여름에 피는 꽃이다.

수왕화야, 만일 어떤 사람이 이 약왕보살의 본사품을 들으면 또한 한량없고 가없는 공덕을 얻을 것이며, 혹은 어떤 여인이 이 약왕보살의 본사품을 듣고 받아 지니면, 그가 여인의 몸을 마친 뒤에는 다시 여인의 몸으로 태어나지 않으리라.

만일 여래께서 멸도하신 후 오백년[19]에 이르러 어떤 여인이 이 경전을 듣고 그 설한 바와 같이 수행하면, 그 목숨을 다 마친 뒤에는 다시 여인의 몸으로 태어나지 않으리라. 만일 여래께서 멸도하신 후 오백 년에 이르러 어떤 여인이 이 경전을 듣고 그 설한 바와 같이 수행하면, 그 목숨을 다 마친 뒤에 극락세계의 아미타불을 큰 보살 대중들이 둘러 있는 곳에 가서 연꽃 가운데의 보배 자리에 태어나리라.

그리하여 다시는 탐욕하려는 번뇌가 없고, 성냄과 어

---

18) 나바마리(那婆摩利, navamālikā) : 여차제화(如次第華)라 번역하고 신마리가(新摩利迦)라고도 한다. 등나무처럼 넝쿨을 이루어 다른 나무를 감아 올라가는 식물로 그 꽃으로 향유, 향수를 짠다. 마리가(摩利迦), 마노가(摩魯迦)라고도 쓰고 차제화(次第華)·등(藤)이라 번역하는데 역시 나바마리와 같은 종류의 식물이다.

19) 후오백년(後五百年) : 상법(像法)의 시기를 말한다. 정법(正法)이 5백년 계속된 후에 상법(像法)이 5백년 계속된다고 한다. 석존(釋尊)이 입멸하고 나서 5백년 후를 말한다. 『대집경』에서 설하는 5종의 오백년 후, 제5의 5백년, 투쟁견고(鬪爭堅固)의 시대를 말한다.

리석은 번뇌도 없으며, 또한 교만하고 질투하는 여러 가지의 더러운 번뇌가 없으리라. 그리고는 보살의 신통과 무생법인을 얻어서 눈이 청정해지며, 이 청정한 눈으로 7백만 2천억 나유타 항하의 모래 같은 여래를 보게 되느니라.

이때 여러 부처님들이 멀리서 칭찬하시기를 '착하고 착하도다! 선남자야, 너희들이 능히 석가모니불의 법 가운데서 이 경을 받아 지녀 읽고 외우며 사유하여 다른 사람에게 설해 주면, 그 얻는 바의 복덕은 한량없고 가없어 불도 능히 태우지 못하고 물도 능히 빠뜨릴 수 없느니라. 이러한 공덕은 1천 부처님들이 다 함께 설한다 할지라도 능히 다 할 수 없으며, 너희들이 이제 여러 마구니를 파하여 생사를 벗어나니, 여러 가지 다른 원수는 자연히 멸하느니라.

선남자야, 백천의 여러 부처님께서 신통력으로 항상 너희를 보호해주시리니, 일체 세간의 하늘과 인간 가운데 너희 만한 이가 없느니라. 그리고 여래를 제하고는 여러 성문과 벽지불과 여러 보살의 지혜나 선정도 너의 복덕 만한 이가 없느니라' 고 하였느니라.

수왕화야, 이 보살은 이런 공덕과 지혜의 힘을 성취하

였느니라. 만일 어떤 사람이 이 약왕보살의 본사품을 듣고 능히 따라 기뻐하고 거룩하다고 칭찬하면 이 사람은 현세에서 입으로부터 푸른 연꽃의 향기가 항상 나고, 몸의 털구멍에서는 우두전단의 향기가 항상 나며, 그 얻는 바의 공덕은 위에서 말한 것과 같으니라.

수왕화야, 그러므로 이 약왕보살의 본사품을 너희에게 부촉하나니, 내가 멸도한 후 오백 년에 이르러 그 세계에서 널리 선포하고 유포해서 끊어지지 않도록 하여라. 그리고 악마나 그 무리와 여러 하늘·용·야차·구반다 등이 그것을 이용하지 못하게 하여라.

수왕화야, 너는 반드시 신통한 힘으로 이 경을 수호할지니, 왜냐하면 이 경은 염부제 사람들에게는 좋은 약이 되나니, 만일 어떤 사람이 병에 걸려 고통을 받다가도 이 경만 들으면 병이 곧 나아 늙지도 죽지도 않느니라.

수왕화야, 만일 네가 이 경전 지니는 이를 보거든 푸른 연꽃과 말향을 가득 채워서 그 위에 공양하고 흩으면서 생각하여라. '이 사람은 멀지 않아 도량에 나가 풀을 깔고 앉아서 여러 마구니들을 파하고 법소라를 불고 큰 북을 치며 일체 중생의 늙고 병들어 죽는 고통을 제도하여 해탈케 하리라'고. 따라서 불도 구하는 이는 이 경전 수지한 이를 보면 마땅히 이와 같이 공경하는 마음을 낼지니라."

이 약왕보살의 본사품을 설하실 때 8만 4천의 보살이 해일체중생어언다라니를 얻었으며, 보배탑 가운데 계시는 다보여래께서는 수왕화보살을 이렇게 칭찬하셨다.

"착하고 착하도다! 수왕화야, 너는 불가사의 공덕을 성취하고, 지금 석가모니불께 이러한 일을 물어서 한량없이 많은 중생들을 이익케 하였느니라."

제7권

24. 묘음보살품(妙音菩薩品)

 그때 석가세존께서는 대인상[1]인 육계[2]에서 광명을 놓으시고, 또 미간의 백호상에서도 광명을 놓아 동방으로 백 8만억 나유타 항하의 모래 같은 여러 부처님 세계를 비추셨다.
 이와 같은 수를 지나서 한 세계가 있으니 그 이름이 정광장엄(淨光莊嚴)이요, 그 나라에 또한 부처님이 계시니 이름은 정화수왕지[3]여래·응공·정변지·명행족·선서·세간해·무상사·조어장부·천인사·불세존이며, 한량없고 가없는 보살 대중들이 그 부처님을 공경하고

---

1) 대인상(大人相) : 삼십이상(三十二相)이며, 부처님과 전륜성왕이 몸에 구비하고 있는 뛰어난 용모와 형상을 말한다.
2) 육계(肉髻) : 육(肉)의 계라는 뜻이다. 대인상(大人相), 삼십이상(三十二相)의 하나로, 불상의 정상의 육(肉)이 상투 형태로 융기하고 있는 부분, 머리의 정상의 육의 융기를 가리킨다. 불상에서는 불부(佛部)의 특색으로 두정(頭頂)이 이중으로 되어 있는 높은 부분을 말하는 것으로 존귀한 상(相)이라고 한다.
3) 정화수왕지(淨華宿王知) : 연꽃잎처럼 더러움이 없는 성수(星宿)의 왕에 의해 신통을 나타낸 자이다.

둘러섰고, 부처님께서는 이들을 위하여 설법하시니, 석가모니불의 백호상의 광명이 그 국토를 두루 비추셨다.

그때 일체정광장엄 국토 가운데 묘음이라 하는 한 보살이 있으니, 오랜 옛날부터 많은 덕의 근본을 심어서, 한량없는 백천만억 부처님을 친근하여 매우 깊은 지혜를 성취하였다. 그리고 묘당상삼매[4]·법화삼매[5]·정덕삼매[6]·수왕희삼매[7]·무연삼매[8]·지인삼매[9]·해일체중생어언삼매[10]·집일체공덕삼매[11]·청정삼매[12]·신통유희삼매[13]·

---

4) 묘당상삼매(妙幢相三昧):『법화경』에서 말하는 십육삼매(十六三昧)의 하나로 장군(將軍)이 깃발을 얻어 그 대상(大相)을 나타내는 것과 같은 선정(禪定)이다.
5) 법화삼매(法華三昧): 제법실상에 통달하는 삼매이다.
6) 정덕삼매(淨德三昧): 마음이 청정하여 어디에도 물들지 않는 삼매이다.
7) 수왕희삼매(宿王戱三昧): 지혜가 자재하여 아무 것에도 집착함이 없는 삼매이다.
8) 무연삼매(無緣三昧): 멸진정(滅盡定)의 다른 이름이다. 대상을 떠남으로써 의식도 아주 없어져 버린 선정(禪定) 즉 대상을 취함이 없는 삼매이다.
9) 지인삼매(智印三昧): 모든 여래의 깊은 깨달음의 지혜를 상징하는 손가락의 편성으로 표현한 종교적 명상의 세계, 즉 반야의 지혜가 객관을 인식하되 그러면서도 늘 고요한 삼매이다.
10) 해일체중생어언삼매(解一切衆生語言三昧): 일체 중생의 언어를 다 이해하는 삼매이다.
11) 집일체공덕삼매(集一切功德三昧): 온갖 공덕을 고루 갖추는 삼매이다.
12) 청정삼매(淸淨三昧): 번뇌가 하나도 일어나지 않는 삼매이다.
13) 신통유희삼매(神通遊戱三昧): 신통 변화가 자유자재한 삼매이다.

혜거삼매[14] · 장엄왕삼매[15] · 정광명삼매[16] · 정장삼매[17] · 불공삼매[18] · 일선삼매[19] 등의 백천만억 항하의 모래 같은 여러 가지 삼매를 얻었다.

석가모니불의 광명이 그 몸에 비치니 곧 정화수왕지불에게 여쭈었다.

"세존이시여, 제가 마땅히 사바세계에 가서 석가모니불께 예배 친근하고 공양하며, 문수사리 법왕자보살과 약왕보살과 용시보살과 수왕화보살과 상행의보살과 장엄왕보살과 약상보살[20]을 친견하겠나이다."

정화수왕지불께서 묘음보살에게 말씀하셨다.

"너는 저 국토를 가볍게, 그리고 하열하다고 생각하지 말라. 선남자야, 저 사바세계는 높은 곳과 낮은 곳이 있어 평탄치 않으며, 흙과 돌의 여러 산이 있고 더러움이 충만하며, 부처님의 몸은 아주 작고 많은 보살들도 그 모

---

14) 혜거삼매(慧炬三昧) : 어리석음을 깨뜨리는 삼매이다.
15) 장엄왕삼매(莊嚴王三昧) : 묘행(妙行)을 거두어들이는 삼매이다.
16) 정광명삼매(淨光明三昧) : 미묘한 지혜를 얻는 삼매이다.
17) 정장삼매(淨藏三昧) : 법안(法眼)을 얻는 삼매이다.
18) 불공삼매(不共三昧) : 이승(二乘)이 따를 수 없는 삼매이다.
19) 일선삼매(日旋三昧) : 대천(大千)세계를 두루 비추는 삼매이다.
20) 약상보살(藥上菩薩) : 25보살의 한 사람이며, 약왕보살(藥王菩薩)의 동생으로 전광명(電光明)이라고 일컫는다.

양이 또한 작으니라. 그러나 너의 몸은 4만 2천 유순이요, 나의 몸은 6백 80만 유순이니, 너의 몸은 제일 단정하고 백천만의 복이 구족하고 광명 또한 특수하지만, 너는 저 세계에 가서 그 국토를 가벼이 하거나 또는 부처님과 보살들을 하열하다고 생각하지 말라."

묘음보살이 그 부처님께 여쭈었다.

"세존이시여, 제가 지금 사바세계에 가는 것은 다 이 여래의 큰 힘이며, 여래의 신통유희이며, 여래의 공덕이요, 여래의 지혜와 장엄이나이다."

묘음보살[21]이 자리에서 일어나지도 아니하고 몸은 동요하지도 아니하며, 삼매에 들어 그 힘으로써 기사굴산에서 가까운 법좌에다 8만 4천의 여러 가지 보배 연꽃을 변화로 만드니, 줄기는 염부단금으로 되고, 잎은 백은(白銀)으로 되었으며, 꽃술은 금강이요, 꽃받침은 견숙가보[22]로 되

---

21) 묘음보살(妙音菩薩) : 『법화경』묘음보살품(妙音菩薩品)에 나온다. 동방에서 영산(靈山)에 온 보살로 지난 세상에 10만 종의 풍류를 운뢰음왕불(雲雷音王佛)에게 공양하고, 동방의 일체정광장엄국(一切淨光莊嚴國)에 태어났다. 또 지혜가 많아서 한량없는 삼매를 얻고, 34신(身)을 나타내어 여러 곳에서 모든 중생을 위하여 설법했으며 8만 4천 보살에게 둘러싸여 사바세계에 와서 영산회상에서 석존께 공양하고 마침내 본국으로 돌아갔다.
22) 견숙가보(甄叔迦寶) : 보석이름으로 붉은 빛 나는 보배이다.

어 있었다.

그때 석가모니불이 문수사리에게 말씀하셨다.

"묘음보살마하살이 정화수왕지불의 국토에서 6만 4천의 보살들에게 둘러싸여 이 사바세계에 와서 나를 공양하고 친근하며 예배하고, 『법화경』을 들으려 하느니라."

문수사리가 다시 부처님께 여쭈었다.

"세존이시여, 이 보살은 무슨 선한 근본을 심었으며, 무슨 공덕을 닦아 이렇게 큰 신통력이 있으며, 또 무슨 삼매를 행하나이까. 원하옵나니, 저희들을 위하여 이 삼매의 이름을 말씀하옵소서. 저희들도 이런 삼매를 닦고 행하려 하오며, 그리고는 그 보살의 색상의 크고 작음과 위의와 나아가고 머무름을 보려 하나이다. 원하옵나니, 세존께서 신통력으로 저 보살이 오는 것을 저희들도 볼 수 있게 하옵소서."

그때 석가모니불께서 문수사리에게 말씀하셨다.

"여기 오래 전에 멸도하신 다보여래께서 마땅히 너희들을 위하여 그의 모양을 나타내어 보여주시리라."

그때 다보불께서 저 보살에게 말씀하셨다.

"선남자야, 어서 오너라. 문수사리 법왕자가 너 보기를 원하노라."

그때 묘음보살이 저 나라에서 8만 4천의 보살과 함께 오니, 지나는 여러 나라는 여섯 가지로 진동하고 칠보로 된 연꽃이 비오듯이 내리며, 백천 가지 하늘 기악과 북이 자연히 울려 퍼졌다. 이 보살은 눈이 광대하기가 푸른 연꽃잎과 같아서 백천만개 달을 합한 것보다 그 얼굴이 더 단정하고, 진금색의 몸은 한량없는 백천의 공덕으로 장엄되어 위덕이 치성하고, 광명이 아주 밝게 비치며, 여러 가지 모양을 잘 갖추어 나라연[23]의 견고한 몸과 같았다. 칠보의 좌대에 앉아 허공에 오르니 그 높이가 7다라수며, 여러 보살 대중이 공경하여 둘러싸서 이 사바세계에 찾아올새, 기사굴산에 이르러 칠보의 좌대에서 이러나 내려서 석가모니불께 머리 숙여 예배하고 백천만 냥이나 되는 영락을 받들어 올리며 부처님께 여쭈었다.

"세존이시여, 정화수왕지불께서 세존께 문안드리기를, '조그만 병도 조그만 고뇌도 없으시며, 기거가 자유로우시고 안락하게 행하시나이까. 사대가 잘 조화되나이까. 세상일을 가히 참을 수 있으며, 중생을 쉽게 제도하시나이까. 탐욕과 성냄과 어리석음과 질투와 인색함과 교만

---
23) 나라연(那羅延, nārāyaṇa) : 견고(堅固), 구쇄력사(句鎖力士), 인생본(人生本)이라고 번역한다. 천상에 있는 역사의 이름으로서 그 힘의 세기가 코끼리의 백만 배나 된다고 한다.

함은 많지 않나이까. 부모에게 효도하지 않으며 사문을 공경하지 않은 일이 없나이까. 삿된 견해나 착하지 못한 마음으로 오정[24]에 빠지는 일은 없나이까. 중생이 모든 마구니나 원수를 잘 항복하나이까. 또 이미 멸도하신 다보여래께서 칠보탑과 함께 법을 들으시려 오시나이까' 하였나이다.

세존이시여, 제가 지금 다보불의 몸을 뵙고자 하오니 세존께서는 그 부처님을 친견토록 해주옵소서."

그때 석가모니불께서 다보불께 말씀하셨다.

"여기 묘음보살이 친견코자 하나이다."

다보불께서 묘음보살에게 말씀하셨다.

"착하고 착하도다! 네가 능히 석가모니불을 공양하고 『법화경』을 들으며, 문수사리 등의 보살을 만나려고 여기에 왔구나!"

그때 화덕보살(華德菩薩)이 부처님께 여쭈었다.

"세존이시여, 이 묘음보살은 어떤 선근을 심었으며, 무슨 공덕을 닦아서 이런 신통력이 있나이까."

부처님께서 화덕보살에게 말씀하셨다.

---

24) 오정(五情) : 다섯 가지 정욕(情欲)의 뜻으로, 눈·귀·코·혀·몸의 오근(五根)으로부터 일어나는 정욕(情欲)이다.

"과거에 부처님이 계셨으니, 이름이 운뇌음왕 다타아가도·아라하·삼먁삼불타이었으며, 나라 이름을 현일체세간이요, 겁의 이름은 희견(喜見)이었으니, 묘음보살이 1만 2천년 동안을 10만 가지 기악으로 운뇌음왕불(雲雷音王佛)께 공양하고 아울러 8만 4천의 칠보의 바리[25]를 받들어 올린 인연의 과보로써 지금 정화수왕지불의 국토에 나고 이런 신통한 힘을 얻었느니라.

화덕아, 이 묘음보살이 일찍이 한량없는 여러 부처님을 공양하고 친근하여 오래도록 덕의 근본을 심었으며, 또한 항하의 모래같이 많은 백천만억 나유타 부처님을 만나 뵈었느니라.

화덕아, 너는 다만 묘음보살의 그 몸이 여기에만 있다고 보느냐. 이 보살은 가지가지 몸을 곳곳에서 나타내서 여러 중생들을 위하여 이『법화경』을 설법하느니라. 범천왕의 몸을 나타내거나 제석천의 몸을 나타내며, 혹은 자재천[26]의 몸을 나타내거나 대자재천[27]의 몸을 나타내며, 혹은 천대장군[28]의 몸을 나타내거나 비사문천왕[29]의 몸을 나타내며, 혹은 전륜성왕의 몸·여러 소왕의 몸·장자의

---

25) 바리(鉢) : 스님들이 사용하는 식기로 응량기(應量器), 발우(鉢盂), 바루라고도 한다.

몸·거사의 몸·관리의 몸·바라문의 몸·비구·비구니·우바새·우바이의 몸을 나타내기도 하며, 또는 장자의 부인 몸·거사의 부인 몸으로도 나타내며, 혹은 관리의 부인 몸·바라문의 부인 몸·동남 동녀의 몸으로 나타내며, 혹은 하늘·용·야차·건달바·아수라·간루나·긴나라·마후라가·사람인 듯 아닌 듯한 것 등의 몸으로 나타나 이 경전을 설하며, 여러 지옥·아귀·축생들과 어려운 환난 가운데 있으면서 다 능히 구원하며, 또는 왕의 후궁에서 여자의 몸으로 변하여 이 경전을 설하느니라.

---

26) 자재천(自在天, Maheśvara) : 제6천이라고도 한다. 욕계의 임금인 마왕의 처소. 이 하늘의 신들은 모든 대상을 자신의 쾌락으로 삼는 까닭에 타화자재천이라고도 한다. 이 하늘의 남녀 신들은 서로 마주 보는 것만으로 음욕이 만족하고 아들을 낳으려는 생각만 내면 아들이 무릎 위에 나타난다고 한다. 이 하늘의 신들의 키는 3리, 수명은 1만 6천 세이며 이 하늘의 1주야는 인간의 1천 6백 년에 해당한다고 한다.

27) 대자재천(大自在天, Maheśvara) : 세계의 주재신으로 특히 시바신을 가리켜 말한다. 자재천외도(自在天外道)의 주신으로 색계(色界)의 여러 하늘의 가장 꼭대기가 되는 색구경천(色究竟天)에 머무른다. 밀교에서는 이것을 대일여래(大日如來)의 응현(應現)이라고도 한다.

28) 천대장군(天大將軍, Cakravartirāja) : 길장(吉藏)은 범보천(梵輔天)·천(天)의 역사(力士)·귀신·위타천(韋駄天)·비추뉴천이라고 하고 있지만, 산스크리트 책에 의하면 전륜성왕(轉輪聖王)이다. 여기서는 천상의 대장군을 말한다.

29) 비사문천왕(毘沙門天王) : 사천왕의 하나로 호법(護法)과 시복(施福)의 천신이다.

화덕아, 이 묘음보살은 능히 사바세계의 모든 중생을 구호하느니라. 이 묘음보살이 이와 같이 가지가지 변화로 몸을 나타내어, 이 사바세계에서 중생들을 위하여 이 경전을 설법하지만 그 신통력이나 지혜는 조금도 감소되지 않느니라. 이 보살이 약간의 지혜로 이 사바세계를 두루 밝게 비춰 일체 중생들로 하여금 각각 알게 되며, 시방의 항하 모래 같은 세계 가운데서도 역시 이와 같이 하느니라.

 만일 성문의 몸으로써 제도할 이에게는 성문의 모습을 나타내어 설법하고, 벽지불의 몸으로써 제도할 이에게는 벽지불의 모습을 나타내어 설법하며, 보살의 몸으로써 제도할 이에게는 보살의 모습으로 설법하고, 부처님의 모습으로써 제도할 이에게는 부처님의 모습을 나타내어 설법하나니, 이와 같이 가지가지 제도할 바를 따라 그 모습을 나타내고, 멸도로써 제도할 이에게는 멸도를 나타내어 보이느니라. 화덕아, 묘음보살마하살이 성취한 큰 신통력과 지혜의 힘은 이와 같으니라."

 그때 화덕보살이 부처님께 여쭈었다.

 "세존이시여, 이 묘음보살은 깊은 선근을 심었나이다. 이 보살은 어떤 삼매에 머물렀기에 능히 이와 같은 변화를 나타내어 중생을 제도하여 해탈시키나이까."

부처님께서 화덕보살에게 말씀하셨다.

"선남자야, 그 삼매의 이름은 현일체색신으로, 묘음보살은 이 삼매 중에 머물러 능히 한량없는 중생을 이익케 하느니라."

이 묘음보살품을 설하실 때, 묘음보살과 같이 왔던 8만 4천인이 다 현일체색신삼매를 얻고, 또한 이 사바세계의 한량없는 보살들도 모두 이 삼매와 다라니를 얻었다.

이때 묘음보살마하살이 석가모니불과 다보불탑에 공양을 마치고 본국으로 다시 돌아갈 때, 그가 지나는 여러 국토는 여섯 가지로 진동하고 보배 연꽃이 비오듯 내리어 백천만억 갖가지 기악이 울리었다.

본국에 이르러서는 8만 4천의 보살에 둘러싸여 그들과 함께 정화수왕지불 계신 데로 나아가 부처님께 여쭈었다.

"세존이시여, 제가 사바세계에 가서 중생을 이익케 하고 석가모니불과 다보불탑을 친견하였으며, 또 예배하고 공양함을 마치며, 문수사리법왕자보살·약왕보살·득근정진력보살(得勤精進力菩薩)·용시보살 등을 만나 뵈었으며, 또 8만 4천 보살들로 하여금 모든 현일체색신삼매를 얻게 하였나이다."

 이 묘음보살의 내왕품(來往品)을 설할 때에 4만 2천 천자들이 무생법인을 얻고, 화덕보살은 법화삼매를 얻었다.

25. 관세음보살보문품(觀世音菩薩普門品)

 그때 무진의보살[1]이 자리에서 일어나 오른쪽 어깨를 벗어 드러내고 부처님을 향하여 합장하고 여쭈었다.

 "세존이시여, 관세음보살[2]은 무슨 인연으로 관세음이라고 하나니까?"

 부처님께서 무진의 보살에게 말씀하셨다.

 "선남자야, 만일 한량없는 백천만억 중생이 여러 가지 고뇌를 받을때에 이 관세음보살의 이름을 듣고 일심으로

---

1) 무진의보살(無盡意菩薩, Akṣayamati) : 부처님께서 보장엄당에서 대집경(大集經)을 설할 때 동방 불순국(不瞬國)의 보현여래의 처소에서 와서 80무진의 법문을 설했다는 보살이다. 이 경이 무진의보살경(無盡意菩薩)이다.
2) 관세음보살(觀世音菩薩, Avalokiteśvara) : 세간의 고통스러운 소리를 관(觀)하여 중생을 제도하는 보살이라는 뜻이다. 관세음보살은 천수천안(千手千眼)의 보살이라고 불릴 만큼 무한한 방편과 인연으로 중생들에게 자비를 베풀고 깨달음으로 인도하는 대승불교의 대표적인 보살이다. 관음경에서는 관세음보살이라고 표기하고 있지만 반야계 경전에서는 주로 관자재보살(觀自在菩薩)이라고 표기한다. 즉 관세음보살은 자비를 강조하는 호칭이며, 관자재보살은 지혜를 강조하는 표현인 것이다. 관음경의 번역자 구마라집은 지혜가 강조되는 관자재보살보다는 중색의 구원자로서 '세간의 고통스러운 음성을 관하여 제도하는 보살로서의 자비가 더욱 강조되는 관세음보살이라고 옮기고 있는 것이다.

그 이름을 부르면, 관세음보살이 곧 그 음성을 듣고 모두 해탈케 하느니라.

만일 어떤 이가 이 관세음보살의 이름을 받들면, 그는 혹시 큰 불 속에 들어가더라도 불이 그를 태우지 못할 것이니, 이것은 관세음보살의 위신력 때문이며, 혹은 큰 물에 떠내려가게 되더라도 그 이름을 부르면 곧 얕은 곳에 이르게 되며, 혹은 백천만억 중생이 금·은·유리·자거·마노·산호·호박·진주 같은 보배를 구하려고 큰 바다에 들어갔을 때, 가령 폭풍이 일어 그들의 배가 나찰귀(羅刹鬼)들의 나라에 닿게 되었을지라도 그 가운데 만일 한 사람이라도 관세음보살의 이름을 부르면, 여러 사람들이 다 나찰의 난으로부터 벗어날 수 있으리니, 이러한 인연으로 관세음이라 이름하느니라.

또 어떤 사람이 만일 해를 입게 되었을지라도 관세음보살의 이름을 부르면, 그들이 가진 칼이나 막대기가 곧 조각조각 부서져 능히 벗어날 수 있으며, 혹은 삼천 대천 국토에 가득한 야차·나찰들이 와서 사람들을 괴롭히려 하더라도, 관세음보살의 이름만 부르면 여러 악귀가 악한 눈으로 보지도 못하겠거늘, 하물며 어찌 해칠 수 있겠느냐. 또 어떤 사람이 죄가 있거나 죄가 없거나 간에 수

갑과 쇠고랑에 손발이 채워지고 몸이 묶었을지라도, 관세음보살의 이름만 부르면 이것들이 다 끊어지고 풀어져 곧 벗어나리라.

만일 또 삼천 대천 국토에 도둑이 가득찬 속을 한 상인의 우두머리가 여러 상인을 이끌고 귀중한 보물을 가진 채 험한 길을 지나갈 때, 그 중에 한 사람이 말하기를 '여러 선남자들이여, 무서워 말고 두려워 말라. 그대들은 진심으로 관세음보살의 이름을 부를지니라. 이 보살이 능히 중생들의 두려움을 없애 주리니, 그대들이 이 이름을 부르면 이 도둑들을 무사히 벗어나리라' 하고, 이에 여러 상인들이 이 말을 듣고 모두 소리를 내어 '나무 관세음보살' 하면 곧 그 난을 벗어나리라.

무진의야, 관세음보살마하살의 위신력이 이와 같이 훌륭하니라.

또 만일 중생이 음욕이 많더라도 관세음보살을 항상 생각하고 공경하면 곧 음욕을 여의게 되며, 혹은 성내는 마음이 많더라도 관세음보살을 생각하고 공경하면 곧 그 마음을 여읠 수 있으며, 혹 어리석음이 많더라도 관세음보살을 항상 생각하고 공경하면 곧 그 어리석음을 여읠 것이니라.

무진의야, 관세음보살이 이런 위신력으로 이롭게 함이 많으니 중생은 마땅히 마음으로 항상 생각할 것이니라.

또, 만일 어떤 여인이 아들 낳기를 원하여 관세음보살을 예배하고 공경하면 곧 복덕과 지혜가 있는 아들을 낳게 되고, 만일 딸 낳기를 원한다면 곧 단정하고 아름다운 모양을 갖춘 딸을 낳게 되리니, 덕의 근본을 잘 심었으므로 여러 사람의 사랑과 존경을 받으리라.

무진의야, 관세음보살의 힘이 이와 같으니라.

만일 또 중생이 관세음보살을 공경하고 예배하면 복이 헛되이 버려지지 않으니라, 그러므로 중생이 모두 관세음보살의 이름을 받들어야 하느니라.

무진의야, 만일 어떤 사람이 62억 항하의 모래 같은 보살의 이름을 받들어 목숨이 다하도록 음식과 의복·침구와 의약 등으로 공양한다면 너의 생각에는 어떻겠느냐. 이 선남자·선여인의 공덕이 얼마나 많겠느냐."

무진의가 대답하였다.

"매우 많겠나이다, 세존이여."

부처님께서 다시 말씀하셨다.

"만일 어떤 사람이 관세음보살의 이름을 받들어 한 때만이라도 예배하고 공양하면, 이 두 사람의 복이 똑같아

다를 바 없어, 백천만억 겁에 이르도록 다할 수가 없으리라. 무진의야, 관세음보살이 이름을 수지하면 이와 같이 한량없고 가없는 복덕의 이익을 얻느니라."

무진의보살이 부처님께 여쭈었다.

"세존이시여, 관세음보살은 어떻게 이 사바세계에서 노니시며, 어떻게 중생을 위하여 설법하시며, 방편의 힘은 그 일이 어떠하나이까."

부처님께서 무진의보살에게 말씀하셨다.

"선남자야, 어떤 나라의 중생을 부처의 몸으로 제도할 이에게는 관세음보살이 곧 부처의 몸을 나타내어 설법하며, 벽지불의 몸으로써 제도할 이에게는 벽지불의 몸을 나타내어 설법하며, 성문의 몸으로 제도할 이에게는 성문의 몸을 나타내어 설법하며, 범천황의 몸으로써 제도할 이에게는 범천왕의 몸을 나타내어 설법하며, 제석천의 몸으로써 제도할 이에게는 제석천의 몸을 나타내어 설법하며, 자재천의 몸으로써 제도할 이에게는 자재천의 몸을 나타내어 설법하며, 대자재천의 몸으로써 제도할 이에게는 대자재천의 몸을 나타내어 설법하며, 천대장군의 몸으로써 제도할 이에게는 천대장군의 몸을 나타내어 설법하며, 비사문[3]의 몸으로써 제도할 이에게는 비사문의 몸을 나타내어 설법하며, 소왕의 몸으로써 제도할 이에게는 곧 소왕의 몸을 나타내어 설법하며, 장자의 몸으로써 제도할 이에게 장자의 몸을 곧 나타내어 설법하며, 거사의 몸으로써 제도할 이에게는 곧 거사의 몸을 나타내어 설법하며, 관리의 몸으로써 제도할 이에게는 관리의 몸을 나타내어 설법하며, 바라문의 몸으로써 제도할 이에게는 곧 바라문의 몸을 나타내어 설법하며, 비구·비구니·우바새·우바이의 몸으로써 제도할 이에게는 비구·비구니·우바새·우바이의 몸을 나타내어 설법하며, 장자·거사·관리·바라문의 부인의 몸으로써 제도할 이에게는 그 부인의 몸을 나타내어 설법하며, 동남·동녀의 몸으로써 제도할 이에게는 동남·동녀의 몸을 나타내어 설법하며, 하늘·용·야차·건달바·아수라·가루라·긴나라·마후라가·사람인 듯 아닌 듯한 것 등의 몸으로써 제도할 이에게는 모두 그 몸을 나타내어 설법하며, 집금강신⁴⁾으로써 제도할 이에게는 곧 집금강신을 나타내어 설법하나니, 무진의야, 이 관세음보살은 이러한 공덕을 성취하여 가지가지 형상으로 여러 국

---
3) 비사문(毘沙門, Vaiśravaṇa) : 사천왕 가운데 북쪽을 수호하는 다문천왕의 이칭이다. 비사문천은 항상 불교의 도량을 보호하며 법을 들으므로 다문천왕이라고 한다.

토에 노니시며 중생을 제도하여 해탈케 하느니라.

그러므로 너희들은 일심으로 관세음보살을 공양할지니라. 이 관세음보살마하살이 두렵고 급한 환난 가운데 능히 두려움을 없애주므로, 이 사바세계에서는 모두 일컬어 '두려움을 없게 해두는 이[5]'라고 하느니라."

무진의보살이 부처님께 여쭈었다.

"세존이시여, 제가 이제 관세음보살을 공양하겠나이다." 하고, 목에 걸었던 백천 냥이나 되는 보배 구슬과 영락을 끌러, 받들어 올리며 또 여쭈었다.

"어지신 이여, 법으로써 드리는 이 보배 구슬과 영락을 받아 주옵소서."

그때 관세음보살이 이를 받지 않거늘, 무진의는 다시 관세음보살께 여쭈었다.

---

4) 집금강신(執金剛神) : 금강수(金剛手)·야차(夜叉)·지금강(持金剛)·금강역사(金剛力士)라고도 한다. 불가파괴의 무기인 금강저(金剛杵)를 가진 신이다. 부처님의 곁에서 언제나 호위의 임무를 맡으며, 비범한 자가 있으면 금강저(金剛杵)를 휘둘러 이를 무찌른다. 인왕존(仁王尊)은 이 집금강신(執金剛神)의 상(像)이며, 본존(本尊)의 수호자(守護者)로 되어 있다. 밀교(密敎)에 있어서는 부처님의 신(身)·구(口)·의(意)·의 삼밀(三密)의 위신력을 상징하는 것으로 되어있다.

5) 시무외자(施無畏者, abhayaṃ-dada) : 무외시를 행하는 사람으로 두려움 속에 있는 중생을 위로하고 두려움을 없애는 사람이다. 안심시키는 사람, 용기를 주는 사람의 뜻이다. 관세음보살의 다른 이름이다.

"어지신 이여, 저희들을 불쌍히 여기시어 이 영락을 받아 주옵소서."

그 때 부처님께서 관세음보살에게 말씀하셨다.

"여기 이 무진의보살과 사부대중과 하늘·용·야차·건달바·아수라·가루라·긴나라·마후라가·사람인 듯 아닌 듯한 것들을 불쌍히 여겨 그 영락을 받으라."

곧 관세음보살이 사부대중과 하늘·용과 그리고 사람인 듯 아닌 듯한 것들을 불쌍히 여기시어 그 영락을 받으시더니, 둘로 나누어 한 몫은 석가모니불께 바치고, 남은 한 몫은 다보불탑에 바치었다.

"무진의야, 관세음보살은 이와 같이 지유스러운 신통력을 가지고 사바세계에 노니느니라."

그대 무진의보살이 게송을 읊었다.

미묘한 상 갖추신 세존이시여,	이제 다시 저 일을 묻자옵나니
불자는 그 무슨 인연으로	관세음이라 부르나이까.
미묘한 상 갖추신 세존께서	계송으로 무진의에게 대답하시되
곳곳마다 알맞게 응하여 나타나는	관음의 모든 행을 잘 들어라.

그 보살의 큰 서원 바다와 같아
천억의 부처님 모시고 받들며

헤아릴 수 없이 긴 세월 동안
크고 청정한 원을 세우니

내 이제 그것들을 간략히 말하리니
마음으로 생각함이 헛되지 않으면

이름을 듣거나 몸을 보거나
능히 모든 고통을 멸하리라.

가령 해치려는 사람에게 떠밀려
관음을 염하는 그 힘으로

큰 불구덩이에 떨어진대도
불구덩이 변하여 연못이 되고

만일 큰 바다에 표류하여
관음을 염하는 그 힘으로

용과 귀신·물고기의 난을 만나도
파도가 능히 삼킬 수 없으며

수미산의 봉우리에서
관음을 염하는 그 힘으로

사람에게 떠밀려 떨어진대도
허공에 머무는 해같이 되며

악인에게 쫓기어
관음을 염하는 그 힘으로

금강산[6]에서 떨어진대도
털끝 하나 다치지 않으며

---

6) 금강산(金剛山) : 철위산(鐵圍山)이라고도 하며 수미산설(須彌山說)에 있어서 세계의 외곽에 높이 솟은 산이다. 바닷물을 비유해서 흐르지 않는 것은 이 산이 둘러싸고 있기 때문이라고 한다. 금강불괴(金剛不壞)인 까닭에 금강산(金剛山)이라고 이름 붙여졌다.

원한의 도적을 만나
관음을 염하는 그 힘으로

칼 들고 달려와 해치려 해도
도적들 마음 돌려 자비케 하며

법에 잘못 걸려
관음을 염하는 그 힘으로

형벌을 받아 죽게 되더라도
칼이 조각조각 끊어지며

감옥 속에 갇혀 있어서
관음을 염하는 그 힘으로

손발이 형틀에 묶였더라도
그것들의 풀림을 받을 것이며

저주와 여러 가지 독약으로
관음을 염하는 그 힘으로

몸을 해치려고 할 때에도
본인에게 그 화가 돌아가며

악한 나찰 독룡들과
관음을 염하는 그 힘으로

여러 귀신을 만날지라도
감히 모두들 해치지 못하며

사나운 짐승들에 둘러싸여
관음을 염하는 그 힘으로

이빨과 발톱이 무섭더라도
사방으로 뿔뿔이 달아나며

여러 가지 사나운 독사들이
관음을 염하는 그 힘으로

독기가 불꽃처럼 성할지라도
그 소리에 스스로 달아나며

구름에서 천둥일며 번개치고　　큰 비와 우박이 쏟아져도
관음을 염하는 그 힘으로　　　삽시간에 사라지며

뭇 중생이 곤경과 재앙을 만나　한량없는 고통을 받을지라도
관음의 미묘한 지혜의 힘이　　능히 세상 고통 구하느니라.

신통한 힘 구족하고　　　　　지혜의 방편 널리 닦아
시방의 여러 국토　　　　　　몸을 나타내지 않는 곳 없으며

가지가지 악한 갈래　　　　　지옥·아귀·축생들의
생로병사 모든 고통　　　　　점차로 멸해 주며

진관[7]이며 청정관[8]　　　　넓고 큰 지혜관[9]이며
비관[10]과 자관[11]이니　　　항상 우러러 볼지어다.

---

7) 진관(眞觀) : 진실한 눈, 진리를 보는 것, 참된 직관을 말한다. 십지(十地) 중 초지(初地)이다
8) 청정관(淸淨觀) : 청정한 눈, 깨끗한 눈의 뜻이며 천태종(天台宗)에서는 진사(塵沙)의 염오(染汚)를 떠나는 가관(假觀)을 말한다.
9) 지혜관(智慧觀) : 참된 지혜에 기초해서 사물의 본질을 관찰하는 것을 말한다.
10) 비관(悲觀, maitra-locana) : 동정의 눈으로 바라보는 것이다.

때 없어 청정한 빛 　　　　　지혜의 태양 어둠을 제하나니
풍재와 화재 능히 이겨 　　　　널리 밝게 세상을 비추니

대비는 체가 되고 계행은 우뢰되며[12] 　자비로운 마음은 큰 구름같아
감로의 법비를 내려 　　　　　번뇌의 타는 불길 멸해 주며

쟁송[13]으로 관청에 가거나 　　두려운 진중에 있을지라도
관음을 염하는 그 힘으로 　　　모든 원수가 흩어지니라.

묘음과 관세음과 　　　　　　범음과 해조음[14]이
저 세간음보다 나으니 　　　　그러므로 항상 생각하여

---

11) 자관(慈觀) : 측은지심의 눈을 가지고 바라보는 것이다. 천태종의 해석에 의하면 삼관(三觀)을 사용하여 중생에게 즐거움을 주는 자관(慈觀)을 말한다.
12) 대비는 체가 되고 계행은 우뢰되며 : 중생들에 대한 대비심(大悲心)이 모습으로 나타난 것이 관세음보살의 계가 되어 우뢰와 같이 진동해 중생들을 삼가게 만든다는 뜻이다.
13) 쟁송(諍訟) : 싸우는 일, 서로 송사로 다투는 것, 재판에 가지고 들어오는 소송이다.
14) 해조음(海潮音, jala-dhara-garjita) : 소리의 크기를 해조(海潮)에 비유한 것으로 해양(海洋)의 울림, 비구름(우운, 雨雲)의 후성(吼聲), 해조(海潮)처럼 부처님의 음성은 크고 골고루 들리는 것을 말한다.

의심일랑 잠깐도 하지 말아라 관세음보살 청정한 성인은
고뇌와 죽음과 액운 당하여 능히 믿고 의지할 바 되리.

일체의 여러 공덕 두루 갖추어 자비로운 눈으로 중생을 보며
그 복이 바다처럼 한량없으니 그러므로 마땅히 정례[15]할지니라

그때 지지보살[16]이 자리에서 일어나 부처님 앞에 나아가 여쭈었다.

"세존이시여, 만일 중생이 이 관세음보살 보문품의 자유로운 업과 널리 보이고 나타내는 신통력을 듣는다면, 그 사람의 공덕은 적지 않겠나이다."

부처님께서 이 「보문품」을 설하실 때, 대중 가운데 8만 4천 중생이 모두 비할 바 없이 평등한 아뇩다라삼먁삼보리의 마음을 내었다.

---

15) 정례(頂禮) : 오체투지(五體投地)라고도 한다. 고대 인도에서의 최고의 경례법이다. 몸뚱이의 다섯 부분을 땅에 붙인다는 뜻으로, 두 무릎을 땅에 붙이고 다음에는 두 팔꿈치를 땅에 붙이고 두 손을 펴서 부처님의 발을 받드는 것 같이 하면서 두 손 사이에 머리를 땅에 붙이는 예법이다. 이것은 부처님의 최하위인 발을 머리로 예배함으로써 최고의 존경을 보인다는 뜻이다.
16) 지지보살(持地菩薩) : 지장보살(地藏菩薩)의 다른 이름이다.

26. 다라니품(陀羅尼品)

약왕보살이 자리에서 일어나 오른쪽 어깨를 벗어 드러내고 부처님을 향하여 합장하고 여쭈었다.

"세존이시여, 만일 선남자·선여인이 『법화경』을 받아 지녀 읽고 외우며 영리하게 통달하거나 혹은 그 경전을 옮겨 쓰며 얼마만한 복을 얻나이까."

부처님께서 약왕보살에게 말씀하셨다.

"만일 어떤 선남자·선여인이 8백만억 나유타 항하의 모래 같이 많은 부처님을 공양하였다면 너의 생각은 어떠하냐. 그 사람이 얻는 복이 어찌 많지 않겠느냐"

약왕보살이 대답하였다.

"매우 많겠나이다, 세존이시여."

부처님께서 다시 말씀하셨다.

"만일 어떤 선남자·선여인이 이 경을 능히 수지하여 네 줄의 게송 하나라도 읽고 외우며, 해설하고 설한 바와 같이 수행하면 그 공덕이 매우 많으니라."

그때 약왕보살이 부처님께 여쭈었다.

"세존이시여, 제가 이제 설법하는 이에게 다라니주[1]을 주어 수호하겠나이다."

그리고 곧 주문을 말하였다.

"아녜, 마녜, 마녜, 마마네, 칫테, 차리테, 사메, 사미타, 비샨테, 묵테, 묵타타메, 사메, 아비샤메, 사마사메, 자예, 크샤예, 아크샤예, 아크시네, 샨테, 사미테, 다라니, 아로카바세, 프라탸베크사니, 니디루, 아반타라 니비스테, 아반타라 파리슛디, 뭇쿠레, 뭇쿠레아라데, 파라데, 수캉크시, 아사마사메, 붓다비로키테, 다르마 파리크시테, 상가 니르고사니, 니르고니, 바야바야 비쇼다니, 만트레, 만트라크사야테, 루테, 루타 카우샤례, 아크사예, 아크사야 바나타예, 박쿠레, 바로다, 아마냔나타예, 스바하.

세존이시여, 이 다라니 신주는 62억 항하의 모래 같은 부처님께서 설하신 바이니, 만일 누구든지 이 법사[2]를 침해하거나 훼방하면, 그는 곧 여래 부처님을 침해하고 훼방하는 것이 되나이다."

이때 석가모니불께서 약왕보살을 칭찬하시며 말씀하

---

1) 다라니주(陀羅尼呪) : 총지(總持)의 진언의 구이다. 주문의 장구(章句) 이며 다라니의 주문이다.
2) 법사(法師) : 불법에 통달하고 언제나 청정한 수행으로써 중생들에게 지혜와 행복을 주는 스승이다.

셨다.

"착하고 착하도다. 약왕아, 네가 그 법사를 불쌍히 생각하여 옹호하려고 이 다라니를 설하였으니, 많은 중생들이 이익을 얻으리라."

그때 용시보살(勇施菩薩)이 또 부처님께 여쭈었다.

"세존이시여, 저도 또한 『법화경』을 읽고 외우며 받아 지니는 이를 옹호하기 위하여 다라니를 설하리니, 만일 법사가 이 다라니를 얻으면, 야차나 나찰 혹은 부단나[3] · 길자[4] · 구반다 · 아귀 등이 그의 허물을 찾아내려 하더라도 능히 얻지 못하리이다."

하고, 곧 부처님 앞에 나아가 주문을 설하였다.

"즈바레, 마하즈바레, 욱케, 툭케, 묵케, 아데, 아다바티, 느리테, 느리타바티, 잇테니, 빗티니, 칫티니, 느니타니, 느리티바티, 스바하.

세존이시여, 이 다라니 신주는 항하의 모래 수 같은 여러 부처님께서 설하신 것이고 따라 기뻐하셨나니, 만일 이 법사를 침해하고 훼방하면, 곧 이 여래 부처님을 침해하고 훼방하는 것이 되오리다."

---
3) 부단나(富單那) : 아귀 중에서 뛰어난 자로 몸에서 더러운 냄새가 나며 사람과 짐승을 해친다고 한다. 사천왕이 거느리는 팔부족의 하나이다.
4) 길자(吉蔗) : 시체에 붙는 귀신이다.

그때 비사문천왕 호세자가 부처님께 여쭈었다.

"세존이시여, 저도 또한 중생을 불쌍히 여겨 법사를 옹호키 위해 이 다라니를 설하겠나이다." 하고, 곧 주문을 설하였다.

"앗테, 탓테, 바낫테, 아나데, 나디, 쿠나디, 스바하.

세존이시여, 이 신주로써 법사를 옹호하고, 저도 또한 이 경 가진 이를 옹호하여, 여러 가지 쇠함과 환난을 일백 유순 내에 없애오리다."

그때 지국천왕[5]이 이 대회 가운데 있다가, 천만억 나유타 건달바들에게 둘러싸여 부처님 앞에 나아가 합장하고 여쭈었다.

"세존이시여, 저도 또한 다라니 신주로써 『법화경』가진 이를 옹호하리다." 하고 곧 주문을 설하였다.

"아가네, 가네, 가우리, 간다리, 찬다리, 마탕기, 푹카시, 상쿠레, 부루사리, 시시, 스바하.

세존이시여, 이 다라니 신주는 사십 이억의 많은 부처님께서 설하신 바이니, 만일 이 법사를 침해하고 훼방하면, 곧 이 많은 부처님을 침해하고 훼방함이 되오리다."

---

5) 지국천왕(持國天王) : 수미산의 동쪽을 수호하며 건달바(乾闥婆)와 비사차(毘舍遮)를 수호한다.

그때에 또 나찰녀[6]들이 있었으니 첫째 이름은 남바(藍婆), 둘째 이름은 비람바(毘藍婆)이며, 셋째 이름은 곡치(曲齒)이고, 넷째 이름은 화치(華齒)이며, 다섯째 이름은 흑치(黑齒)이고, 여섯째 이름은 다발(多髮)이며, 일곱째 이름은 무염족(無厭足)이고, 여덟째 이름은 지영락(持瓔珞)이며, 아홉째 이름은 고제(皐帝)이고, 열째 이름은 탈일체중생정기(奪一切衆生精氣)이었다.

이 열명의 나찰녀는 귀자모[7]와 아울러 그 아들의 권속들과 함께 부처님 앞에 나아가 다 같이 여쭈었다.

"세존이시여, 저희들도 또한 『법화경』을 읽고 외우며

---

6) 나찰녀(羅刹女, rakṣasī). 사람을 잡아 먹는 귀녀, 나찰(羅刹)의 여(女)이다.
7) 귀자모(鬼子母, Hāritī) : 하리저(訶利底), 하리제모(訶梨帝母)라고 하며 청색·청의라는 뜻으로 애자모(愛子母)·천모(天母)·공덕천(功德天)이라고 의역한다. 폭악하여 남의 아이를 잡아먹는 야차녀(夜叉女)로 후일 부처님의 교화를 받아 불법(佛法) 및 유아양육의 신이 된 인물의 이름이다. 원래는 귀신의 처로 500의 아이를 낳았는데 전신(前身)이 사악하여 5사성(舍城)에 와서 유아들을 잡아먹고 있었다. 부처님은 이를 경계하기 위해 그 자식 중에 한명을 몰래 숨기자 마녀는 창자가 끊어지는 듯 애통에 빠졌다. 이때에 부처님께서 설법하기를 "500명의 자식중에 한명을 잃고도 너는 이렇게 슬퍼하는구나. 너에게 자식을 잡아먹힌 부모의 가슴은 어떠하겠느냐?"라며 잘 타이르니 그녀는 깊이 참회하고 불교에 귀의, 서원을 세워 안산(安産)과 유아보호의 신이 되었다. 손에 길상과(吉祥果, 석류나무)를 지닌 천녀형(天女形)이다. 율종(律宗)·일련종(日蓮宗)에서 특히 신앙한다.

받아 지니는 이를 위하여 옹호하고, 그의 쇠함과 환난을 없애 주오리다. 만일 어떤 이가 이 법사의 허물을 찾아내려 하여도 능히 얻지 못하오리다." 하고 곧 이 주문을 설하였다.

"이티메, 이티메, 이티메, 이티메, 이티메, 니메, 니메, 니메, 니메, 니메, 루헤, 루헤, 루헤, 루헤, 루헤, 스투헤, 스투헤, 스투헤, 스투헤, 스투헤, 스바하."

차라리 내 머리 위에 오를지언정 법사를 괴롭히지 못하게 하리니, 야차거나 나찰·아귀·부단나·길자·비다라[8]·건타[9]·오마륵가[10]·아발마라[11]·야차길자[12]·인길자[13]·열병으로써 하루·이틀·사흘·나흘 내지 이레

---

8) 비다라(毘陀羅, vetla) : 미달라(迷陀羅)라고도 쓴다. 인도에서 사시(死屍)를 일으켜서 살인하게 하는 주법(呪法)을 비다라라 한다.
9) 건타(健馱) : 건달바(乾闥婆)와 같다. 식향(食香)·심향(尋香)·심향행(尋香行)등으로 번역된다. 제석천(帝釋天)의 음악을 맡은 신으로 술과 고기를 먹지 않고 향기만 먹는다고 한다. 팔부중의 하나로써 항상 부처님 설법하는 데에 나타나 정법을 찬탄하고 불법을 수호하였다. 또한 사람이 죽어서 새로운 육체를 받기까지의 영혼신(靈魂身) 즉 중음신의 이칭(異稱)이기도 한데, 중음신은 향기를 찾아서 가고, 머물고, 먹고 살므로 그렇게 불리운다.
10) 오마륵가(烏摩勒伽) : 사람의 정기(精氣)를 빨아 먹는 귀신이다.
11) 아발마라(阿跋摩羅) : 사람의 기억력을 상실케 하는 귀신이다.
12) 야차길자(夜叉吉蔗) : 마술을 부리는 야차이다.
13) 인길자(人吉蔗) : 사람 마술사이다.

동안 앓는 열병이거나, 항상 앓는 열병이거나, 남자의 형상이나 여자의 형상, 혹은 남자아이의 형상이나 여자아이의 형상을 한 악귀들이 꿈속에서라도 괴롭히지 못하게 하리라.

그리고 곧 부처님 앞에서 게송을 읊었다.

만일 나의 주문 순종치 않고	설법하는 이를 괴롭게 하면
아리수나무의 가지처럼	머리통을 일곱으로 쪼개버리며
부모를 죽인 원수와 같이	기름 짤 때 속인 죄[14]와 같이
말이나 저울눈을 속인 사람과 같이	조달[15]이 화합승을 깨뜨린 죄와
누구라도 이 법사를 해치는 자는	마땅히 그와 같은 재앙 받으리라

여러 나찰녀가 이 게송을 다 읊고 부처님께 여쭈었다.

"세존이시여 저희들도 또한 이 경을 받아 지녀 읽고 외

---

14) 기름 짤 때 속인 죄 : 깨를 찧은 뒤에 놓아두면 벌레가 생기는데, 이 벌레와 같이 짜면 기름이 많아진다. 이것을 순수한 기름인 양 속여서 파는 데 따른 죄이다.
15) 조달(調達) : 제바달다(提婆達多)와 같다. 부처님의 교단을 파괴하려 했던 악인이다.

우며 수행하는 이를 안온케 하고 여러 가지 쇠함과 환난을 여의게 하며, 여러 독약도 없애주겠나이다."

부처님께서 여러 나찰녀에게 말씀하셨다.

"착하고 착하도다! 너희들이 다만 『법화경』의 이름만을 받아 가지는 이를 옹호할지라도 그 복이 헤아릴 수 없겠거늘, 하물며 갖추어 받아 지니며, 경전에 공양하기를 꽃·향·영락·말향·도향·소향·번개·기악이며, 가지가지 등불을 켜되 소등·유등과 여러 가지 향유등인 소마나화유등·첨복화유등·바사가와유등·우발라화유등 같은 백천 가지로 공양하는 이를 지켜줌이야 말할 것이 있겠느냐.

고제[16]야, 너희들과 너희 권속들은 응당 법사를 이와 같이 옹호할지니라."

이 다라니품을 설할 때에 6만 8천 인이 모두 무생법인을 얻었다.

---

16) 고제(睪諦, Kunti) : 십나찰녀(十羅刹女)의 하나이다.

27. 묘장엄왕본사품(妙莊嚴王本事品)

그때 부처님께서 대중에게 말씀하셨다.

"지난 과거 한량없고 가없이 헤아릴 수도 없는 아승지 겁에 부처님이 계셨으니, 그 이름은 운뢰음수왕화지[1] 다타아가도 · 아라하 · 삼먁삼불타이다. 나라 이름은 광명장엄(光明裝嚴)이요, 겁의 이름은 희견(喜見)이었느니라.

그 부처님 법 가운데 묘장엄[2]이라고 하는 한 왕이 있었으니, 그 왕 부인의 이름은 정덕(淨德)이며, 또 두 아들이 있었으니, 하나는 정장(淨藏)이요, 또 하나는 정안(淨眼)이었느니라. 이 두 아들은 큰 신통력과 복덕과 지혜가 있었으니, 이것은 오래도록 보살의 행을 닦는 까닭이니라.

이른바, 단바라밀, 시라바라밀, 찬제바라밀, 비리야바

---

1) 운뢰음수왕화지(雲雷音宿王華智) : 구름에서 울리는 뇌성처럼 좋은 음성을 지닌 성수(聖宿)의 왕에 의해 신통을 발휘한 자라는 뜻이다.
2) 묘장엄왕(妙莊嚴王) : 보살의 이름으로 과거 무수겁(無數劫)의 옛적 운뢰음숙왕화여래(雲雷音宿王華如來)가 『법화경』을 설하실 때에 묘장엄왕이 있었으며 그 왕을 말한다. 그는 정덕(淨德)이란 부인과 정장(淨藏) · 정안(淨眼)이란 두 아들이 있었다. 왕이 외도인 바라문법을 믿으니, 부인과 두 아들이 왕의 마음을 돌리고자 숙왕화여래(宿王華如來)가 『법화경』을 설법하는 곳에 함께 가서 묘익(妙益)을 얻었다고 한다.

라밀, 선바라밀, 반야바라밀, 방편바라밀[3]과 자·비·희·사와 37조도법[4]을 모두 잘 통달하였느니라. 또 보살의 정삼매·일성수삼매·정광삼매·정색삼매·정조명삼매·장장엄삼매·대위덕장삼매등 이러한 삼매에 또한 잘 통달하였느니라.

그때 그 부처님께서 묘장엄왕을 인도하여 또한 중생을 불쌍히 생각하시어 이 법화경을 설하셨느니라. 그러자 정장과 정안 두 아들은 그들의 어머니한테 나아가 열 손가락을 모아 합장하고 말하기를 '원하옵나니, 어머니이시여, 운뢰음수왕화지불 계신 데로 가시옵소서. 저희들도 또한 모시고 따라 가서 친근하고 공양하며 예배하오리다. 왜냐하면, 그 부처님께서 지금 모든 하늘과 인간들에게 『법화경』을 설하시니, 그를 듣고 받으려는 때문이나이다' 하니, 어머니가 아들에게 말하기를 '너희 아버지는 외도를 믿고 바라문법에 깊이 탐착하셨으니,

---

3) 방편바라밀(方便波羅蜜) : 수단의 완성으로, 십바라밀(十波羅密)의 제7이다. 교묘한 방법·기술로 사람들을 깨달음의 맞은 편 언덕으로 건너게 하는 것이다.
4) 37조도법(三十七品助道法) : 서른 일곱가지 보리의 부분법이다. 초기 불교에 바탕을 두고 있는 불교의 대표적인 37가지 수행론으로 삼십칠보리분법(三十七菩提分法)이라고도 한다. 보리분법이란 보리(菩提:道, 깨달음을 돕는 수행)법을 의미한다.

너희들은 응당 아버지께 말씀드려 함께 갈지어다' 하였느니라.

이에 정장과 정안이 열 손가락을 모아 합장하고 그들의 어머니에게 말하기를 '저희들은 법왕의 아들이거늘 어찌하여 이 삿된 집에 태어났나이까' 하니 어머니가 아들에게 '너희들은 마땅히 너의 아버지를 생각하고 위하여 신통변화를 나타낼지니, 만일 아버지가 이를 보시면 필시 마음이 청정해져서 혹 우리들을 부처님 계신 데에 가도록 허락하시리라'고 대답하였느니라.

이때 두 아들이 그 아버지를 생각하여 허공으로 일곱 다라수쯤 올라가서 가지가지 신통 변화를 나타내었느니라. 허공 중에서 가고, 서고, 앉고, 누워 보이기도 하고, 상반신에서는 물을 뿜어내고, 하반신에서는 불을 뿜어내기도 하고, 혹은 몸을 크게 하여 허공을 가득 차게 하기도 하며, 공중에서 없어져 홀연히 땅에 서기도 하고, 혹은 물 속에 들어가 듯 땅 속에 들어가기도 하며, 또는 물 위를 땅 위에서 걷는 것처럼 잘 걷는 등, 이러한 가지가지 신통 변화를 나타내어 그 아버지로 하여금 마음이 청정해져 믿게 하였느니라.

그때 아버지는 아들의 이러한 신통력을 보고 마음이

크게 환희하여 미증유를 얻어, 아들을 향하여 합장하고 말하기를 '너희들의 스승은 누구이며 또한 누구의 제자이냐' 하니, 두 아들이 대답하여 '대왕이신 아버지시여 저 운뢰음수왕화지불께서 지금 7보의 보리수 아래 법좌에 앉으셔서 모든 세상의 천신과 인간을 위하여 널리 『법화경』을 설하시니 그가 곧 저희들의 스승이요, 저희들은 또한 그의 제자이나이다' 하므로, 그 아버지가 다시 아들에게 말하기를 '나도 이제 너희 스승을 만나뵙고자 하니 나와 함께 가자' 하였느니라.

그때 두 아들은 공중에서 내려와 그들의 어머니에게 나아가 합장하고 말하기를 '부왕께서 이제 믿고 이해하여 아뇩다라삼먁삼보리의 마음을 내셨나이다. 저희들이 아버지를 위하여 이런 불사[5]하였으니, 원컨대 어머니께서는 저희들이 저 부처님 계신 데에 가서 출가하여 수도하도록 허락하여 주옵소서' 하였느니라.

그때 두 아들이 그 뜻을 거듭 밝히려고 어머니께 게송을 읊었다.

---

5) 불사(佛事) : 부처님이 이루어야 할 일, 부처님의 교화를 가리킨다. 중생을 구하는 사업활동, 부처님의 소작(所作)이다.

원컨대 어머님은 저희들이 출가하여
사문으로 수도토록 허락하여 주시옵소서

부처님 만나 뵙기 매우 어렵나니
저희들이 찾아가서 따라 배우렵니다.

오랜 겁에 한 번 피는 우담바라보다
부처님 만나기는 그 더욱 어려우며

여러 가지 많은 환난 해탈키도 어렵나니
원컨대 저희들이 출기 히락히옵소서.

그때 어머니는 두 아들에게 '너희들의 출가를 허락하노라. 왜냐하면 부처님을 만나 뵙기가 매우 어렵기 때문이니라'고 하니, 이에 두 아들이 부모님께 말하기를 '거룩하시도다 부모님이시여, 원하옵노니 운뢰음수왕화지불 계신 데에 가시어 친근하고 공양하옵소서. 왜냐하면 부처님 만나기 어려움이 우담발화 꽃과 같사오며, 또 애꾸눈의 거북이 바다에 뜬 구멍 만남과 같나이다. 저희들은 속세에 지은 복이 두터워 부처님의 법을 만났나이다.

그러므로 부모님께서 마땅히 저희들을 출가하도록 하옵소서. 왜냐하면 부처님을 만나기 어렵고, 이런 시기도 만나기 어려운 탓이옵니다' 하였느니라.

그때 묘장엄왕의 후궁 8만 4천인이 모두 다 이『법화경』을 받아 가졌으며, 정안보살은 법화삼매에 오래 머물러 통달하였으며, 정장보살은 이미 한량없는 백천만억 겁에 이제악취삼매를 통달하였으니, 일체 중생들로 하여금 여러 가지 악한 것을 여의게 하려 함이었으며, 그 왕의 부인은 제불집삼매를 얻어 여러 부처님의 비밀한 법장을 알았느니라.

두 아들의 이러한 방편의 힘은 그 아버지가 잘 교화하여 부처님 법을 마음으로 믿어 이해케 하고 즐겨 기쁘게 하였느니라. 이에 묘장엄왕은 여러 신하와 그 권속, 그리고 정덕부인은 후궁의 채녀[6]와 그 권속들과 함께 두 왕자는 4만 2천 인과 함께 일시에 부처님 계신 곳에 가서 머리를 발에 대어 예배하고, 부처님 주위를 세 번이나 돌고 한쪽에 물러나 있었느니라. 그리자 운뢰음수왕화지불께서 왕을 위하여 설법하여, 보여주고 가르치고 이익케 하고 기쁘게 하니, 왕이 크게 환희 하였느니라.

---

6) 채녀(綵女) : 궁중의 시녀이다.

그때 묘장엄왕과 그 부인이 백천만 냥이나 되는 진주 영락을 목에서 끌러 부처님 위에 흩으니, 그것이 공중에서 화하여 네 기둥의 보배 대가 되고, 그 가운데 큰 보배 상이 있어 백천만의 하늘옷을 깔았는데, 그 위에 부처님이 가부좌를 틀고 앉으시어 큰 광명을 놓으셨느니라.

그때 묘장엄왕이 생각하기를 '부처님의 몸은 희유하시어 단정하고 장엄하기가 특별하시며 제일 미묘하신 색을 성취하셨도다' 하니, 이때 운뢰음수왕화지불께서 사부대중에게 이렇게 말씀하셨느니라.

'너희들은 이 묘장엄왕이 지금 내 앞에서 합장하고 서 있는 것을 보느냐. 이 왕은 내 법 가운데서 비구가 되어 부지런히 정진하고 수행하며 부처님 법을 돕다가 마땅히 성불하리니, 그 이름은 사라수왕불[7]이고, 그 나라의 이름은 대광(大光)이며, 겁의 이름은 대고왕(大高王)이니라.

그 사라수왕불의 국토에는 한량없는 보살대중과 한량없는 성문들이 있으며 나라의 땅은 평평하리니, 그 공덕이 이와 같으리라' 고 하였느니라.

---

7) 사라수왕(娑羅樹王) : 부처님의 이름으로 묘장엄왕(妙藏嚴王)이 미래에 성불하여 사라수왕불(娑羅樹王佛)이 된다고 한다.

그 묘장엄왕은 즉시 나라를 동생에게 맡기고 부인과 두 아들, 그리고 여러 권속들과 부처님 법 가운데 출가하여 도를 닦았느니라. 왕이 출가해서는 8만 4천년 동안 부지런히 정진하여 묘법연화경을 수행하였고, 그 뒤에 일체정공덕장엄삼매를 얻더니, 허공으로 7다라수를 솟아올라 부처님께 여쭈었느니라.

'세존이시여, 저희 두 아들이 이미 불사를 하여 신통한 변화로 저의 삿된 마음을 돌이켜 부처님 법 가운데 편안히 머물게 하고 세존을 또한 만나 뵙게 하였으니, 이 두 아들은 저의 선지식으로서 속세에 심었던 선근을 다시 일으켜, 저를 이익케 하려고 저의 왕가에 태어났나이다.

그때 운뢰음수왕화지불께서 묘장엄왕에게 말씀하시기를, '그와 같으니라. 내가 말한 것과 똑같으니라. 만일 선남자·선여인이 선근을 심은 연고로 선지식을 만나게 되면, 그 선지식이 능히 불사를 지어 보여주고 가르치며 이익케 하여 아뇩다라삼먁삼보리에 들도록 하느니라. 대왕아, 마땅히 알라. 선지식은 큰 인연이니, 이른바 교화하고 인도하여 부처님을 만나 뵙고, 아뇩다라삼먁삼보리의 마음을 내게 하였느니라. 대왕아, 너는 이 두 아들을 보느냐. 이 두 아들은 일찍이 65백 천만억 나유타 항하의 모래 수 같은 부처님을 공양하고 친근하고 공경하였으며, 여러 부처님이 계신 곳에서 『법화경』을 수지하고 삿된 견해에 빠진 중생을 불쌍히 여겨, 바른 견해에 머물도록 하였느니라' 고 하였느니라.

묘장엄왕은 즉시 허공에서 내려와 세존께 말하기를 '세존이시여, 여래께서는 매우 희유하시어, 공덕과 지혜를 가지신 까닭으로 이마 위에 욕계의 광명을 놓아 밝게 비추시며, 그 눈의 길고 넓으시고 감청색이며, 미간의 백호상은 구슬이 모여서 된 달과 같으며, 이는 희고 치밀하여 광명이 있고, 입술 색은 알맞게 붉어 빈바[8]의 열매와 같나이다' 하였느니라.

그때 묘장엄왕이 부처님의 이와 같은 한량없는 백천만억 공덕을 찬탄하고는, 부처님 앞에서 일심으로 합장하고 다시 그 부처님께 여쭙기를 '세존이시여, 오직 놀라우실 뿐입니다. 여래의 법을 헤아릴 수 없는 미묘한 공덕을 구족하게 성취하시어, 그 가르치는 계를 행하면 안온하고 쾌락하오리다. 저는 이제부터 다시는 제 마음대로 행하지 않고 또 한 삿된 견해와 교만한 마음과 성내는 일

---

8) 빈바(頻婆, Vimba) : 나무 이름으로 다 자라면 키가 40~50자나 되며 잎새는 우상옆(羽狀葉)으로, 1자 정도이며 사과와 같은 적색의 열매를 맺는다. 씨는 기름을 짜고 고무의 원료가 되기도 한다.

등 여러 가지 악한 마음을 내지 않겠나이다' 하고 부처님께 예배하며 물러났느니라."

"너희들 생각에는 어떠하냐. 묘장엄왕이 어찌 다른 사람이겠느냐. 지금의 화덕보살이 바로 그 몸이요, 정덕부인은 지금 내 앞에 있는 광조장엄상보살(光照莊嚴相菩薩)이 바로 그이니라. 묘장엄왕과 그 여러 권속을 불쌍히 여겨 그 가운데 태어났던 두 아들은 지금의 약왕보살과 약상보살이 바로 그이니라. 이 약왕·약상보살이 이와 같은 큰 공덕을 성취하고 한량없는 백천만억 여러 부처님 계신 데서 여러 가지 덕의 근본을 심어, 헤아릴 수 없는 많은 선근 공덕을 성취하였으니, 만일 어떤 이가 이 두 보살의 이름만 들어도 모든 세간과 모든 하늘과 인간이 응당 예배하리라."

부처님께서 이 묘장엄왕의 본사품을 설하실 때에 8만 4천 인이 더러운 마음과 몸을 여의고, 여러 법 가운데서 청정한 법의 눈을 얻었다.

28. 보현보살권발품(普賢菩薩勸發品)

 그때 자재한 신통력과 위덕이 널리 알려진 보현보살[1]이 한량없고 가없이 헤아릴 수도 없는 큰 보살들과 함께 동방으로부터 오는데, 지나는 국토마다 크게 진동하고 보배의 연꽃이 비오듯하며, 한량없는 백천만억 가지 많은 기악들이 울렸으며, 또 무수한 여러 하늘·용·야차·건달바·아수라·가루라·긴나라·마후라가·사람인 듯 아닌 듯한 것들의 많은 대중에게 둘러 싸여, 각가 위덕과 신통력을 나타내어 사바세계의 기산굴산 중에 이르러서는, 석가모니불께 머리 숙여 예배하고 오른쪽으로 일곱 바퀴 돌더니 부처님께 여쭈었다.

 "세존이시여, 저는 보위덕상왕불(寶威德上王佛)의 국토에 있다가 이 사바세계에서 『법화경』을 설하시는 것을 듣고, 한량없고 가없는 백천만억 여러 보살과 함께 설법을 들으러 왔사오니, 원컨데 세존께서는 설하여 주옵소

---

1) 보현보살(普賢菩薩, Samantabhadra): 불교의 실천을 대표하는 보살로 흰코끼리를 탄 형상과 연화대 위에 앉은 두 가지 모습이 있다. 석가모니 부처님을 오른쪽에 모시고 있는데, 문수보살과 함께 석가모니 부처님의 좌우협시 보살이다.

서. 선남자·선여인들이 여래 멸도하신 후에는 어떻게 해야 이 『법화경』을 얻을 수 있겠나이까."

부처님께서 보현보살에게 말씀하셨다.

"만일 선남자·선여인이 다음의 네 가지 바른 법을 성취하면 여래 멸도하신 뒤에도 마땅히 이 『법화경』을 얻으리라. 그 첫째는 부처님께서 보호하고 생각하시는 바가 있어야 하며, 둘째는 여러 가지 덕의 근본을 심어야 하고, 셋째는 정정취2)에 들어야 하며, 넷째는 일체 중생을 구원하려는 마음을 내야 하느니라.

선남자·선여인이 이 네 가지 법을 성취하면, 여래께서 멸도하신 뒤에 반드시 이 경전을 얻으리라."

그때 보현보살이 다시 부처님께 여쭈었다.

"세존이시여, 훗날 흐리고 악한 세상에서 이 경전을 수지한 이가 있으면, 제가 마땅히 수호하여 그 쇠함과 환난을 없애 주어 안온케 하고, 혹 누가 그의 잘못을 찾으려 해도 그 흠을 찾지 못하게 하오리다. 마구니나 마구니들

---

2) 정정취(正定聚) : 중생을 세 종류로 나눈 것 중의 하나로, 반드시 부처가 되도록 결정되어 있는 성자(聖者)를 말한다. 구사(俱舍)의 교학에 의하면 고법지인(苦法智忍)을 얻은 위(位)를 말한다. 깨달음까지 퇴전(退轉) 없이 진행하여 보살이 되는 것, 불도불퇴(佛道不退)의 보살이다.

의 아들, 마녀나 마녀의 무리, 마가 들린 사람이나 야차·나찰·구반다·비사사·길자·부단나·위타라[3] 등의 사람을 괴롭히는 것들이 모두 그 흠을 찾지 못하게 하오리다. 이 사람이 걷거나 서서 이 경전을 읽고 외우며, 저는 그 때에 여섯 이빨의 희고 큰 코끼리를 타고 큰 보살들과 함께 그가 있는 곳을 찾아서 스스로 몸을 나타내어, 공양하고 수호하여 그의 마음을 편안하게 위로하고, 또한 『법화경』은 공양하기 위한 때문이오니. 만일 이 사람이 앉아서 이 경을 사유하면, 제가 다시 큰 흰 코끼리를 타고 그 사람 앞에 나타나며, 그 사람이 만일 『법화경』의 한 구질이나 한 게송을 잊게 되더라도, 제가 마땅히 가르쳐 같이 읽고 외워서 다시 통달하도록 하겠나이다.

그때 『법화경』을 받아 지녀서 읽고 외우는 이가 나의 몸을 보게 되면, 매우 환희하여 다시 정진할 것이며, 나를 보았으므로 삼매와 다라니를 얻을 것이니, 그 이름은 선다라니며, 백천만억선다라니[4]며, 법음방편선다라니[5] 등이니 이러한 다라니를 얻으오리다.

세존이시여, 훗날 악하고 흐린 세상에 비구·비구니·우바새·우바이로서 이『법화경』을 수행하고 배우기 위

---

3) 위타라(韋陀羅) : 비타라(毘陀羅)라고도 한다.

하여 구하는 이나 받아 지니는 이나 외우고 읽는 이는 삼칠일 동안 일심으로 정진할 것이며, 삼칠일간 정진이 끝나며 제가 마땅히 여섯 이빨의 흰 코끼리를 타고 한량없는 보살에게 둘러 싸여 일체 중생이 기뻐할 몸으로 그 앞에 나타나 그를 위하여 설법하고, 가르쳐 보여 이익케 하며, 또한 그에게 다라니 주문을 주려니, 이 다라니를 얻었기 때문에 아무도 그를 파괴치 못할 것이오며, 또는 여자에게 유혹되어 뇌란치 않고, 또 제가 항상 그를 보호하겠사오니, 원컨데 세존께서는 제가 이 다라니의 주문을 설하도록 허락하여 주옵소서."

그리고 부처님 앞에 곧 나아가 주문을 설하였다.

"아단테, 단다 파티, 단다 아발타니, 단다 크샤레, 단다 수다리, 수다리, 수다라 파티, 붓다 파슈야네, 살바 다라니, 아발타니, 산발타니, 상가 파리크시테, 상가 닐가타니, 다르마 파리크시테, 살바 삿트바 루타 카우샬야 아누

---

4) 백천만억선다라니(百千萬億旋陀羅尼): 『법화경』 보현보살권발품(普賢菩薩勸發品)에서 설하는 삼다라니(三陀羅尼)의 하나로, 천태종에서는 이것을 공(空)으로부터 가(假)로 나와 백천만억(百千萬億)의 법(法)에 통달하는 지력을 말한다. 즉, 공(空)·가(假)·중(中)의 삼관(三觀) 가운데 가관(假觀)에 해당시킨다.

5) 법음방편선다라니(法音方便旋陀羅尼): 온갖 음성에 교묘한 다라니이다.

가테, 싱하 비크리디테, 아누발테, 발타니, 발타리, 스바하"

　세존이시여, 만일 보살이 이 다라니를 들으면 그는 이것이 보현의 신통력인 줄을 알 것이며, 만일 이 법화경이 사바세계에 유행할 적에 수지하는 이가 있으면 그는 이것이 모든 보현의 위신력인 줄을 알 것입니다. 만일 이 경을 받아 지녀 읽고 외우며 바르게 생각하고 그 뜻을 잘 이해하여 설한 바와 같이 수행하면, 그 사람은 보현의 행을 행하여 한량없고 가없는 많은 부처님 계신 데서 선근을 깊이 심음이 되며 이는 많은 여래께서 자비로운 손으로 그의 머리를 어루만져 주심이 되오리다.

　다만 이 경전을 옮겨 쓰기만 하여도 그 사람이 죽어서 도리천에 태어나게 되고 그 곳에 태어날 때는 6만 4천 천사들이 뭇 기악을 연주하며 영접하고, 그 사람은 또 보관을 쓴 채 천사들 가운데 즐겨 놀게 될 것이어늘, 하물며 받아 지녀 읽고 외우며, 바르게 생각하고 그 뜻을 잘 이해하며, 설한 바와 같이 수행함이야 더 말할 것이 있겠나이까.

　만일 어떤 사람이 이 경전을 받아 지녀 읽고 외우고 그 뜻을 잘 이해하면, 그 사람은 죽은 후 1천 부처님께서 손을 주어 두렵지 않게 해 주시고, 악한 갈래에 떨어지지 않게 해 주시므로 도솔천[6]의 미륵보살 계신 곳에 태어나오리다.

또한 그 미륵보살은 서른 두 모양을 잘 갖추고 큰 보살들에게 둘러 싸여 백천만억 많은 천녀들과 그 권속들이 있는 가운데 나게 하리이다. 이와 같은 큰 공덕과 이익이 있으므로 지혜 있는 이는 응당 일심으로 이 경전을 받아 지녀 읽고 외우며 바르게 생각하여 설한 바와 같이 수행하여야 하오리다.

세존이시여, 제가 이제 신통력으로써 이 경전을 수호하여 여래께서 멸도하신 후 사바세계 안에서 널리 유포하여 끊어지지 않게 하겠나이다."

---

6) 도솔천(兜率天, Tuṣita) : 욕계(欲界) 6천(天)의 제4천이다. 상족(上足), 묘족(妙足), 희족(喜足), 지족(知足)이라고 번역한다. 수미산 꼭대기로부터 12만 유순 위에 있는 하늘이라고 하는데, 칠보로 이루어진 궁전이 있으며 한량없는 천인(天人)들이 주하고 있는 하늘이다. 이 도솔천은 내원(內院), 외원(外院)으로 나뉘어지는데 외원은 일반 천인들의 욕락처(欲樂處)이며, 내원은 미륵보살이 일생보처의 보살로서 머물며 남섬부주에 하생할 때를 기다리고 있다고 한다. 이 하늘 아래에 있는 사천왕천, 도리천, 야마천의 천중(天衆)들은 욕락에 잠겨 있고 위 하늘인 화락천, 타화자재천은 들뜬 마음이 많으나 도솔천은 들뜨지도 않고 오욕락에 만족함으로 다음에 성불할 일생보처 보살이 머물기 좋은 곳이라고 한다.

그때 석가모니불께서 찬탄하시며 말씀하셨다.

"착하고 착하도다! 보현아, 네가 능히 이 경전을 보호하고 도와서 많은 중생을 안락케 하고 이익케 하겠느냐. 너는 이미 헤아릴 수 없이 많은 공덕을 성취하며 깊고 큰 자비를 이루고, 오랜 옛날부터 아뇩다라삼먁삼보리의 뜻을 일으켜, 능히 이렇게 신통한 원을 세워 이 경전을 수호하나니, 나도 또한 신통력으로써 보현보살의 이름을 받아 지니는 이가 있으며 마땅히 수호해 주리라.

보현아, 만일 어떤 이가 이 『법화경』을 받아 지녀 읽거나 외우거나 바르게 생각하거나 수행하고 배우거나 옮겨 쓰며, 이는 곧 석가모니불을 만나 뵙고 그로부터 직접 경전을 들은 것과 같으리라. 마땅히 알라. 이런 사람은 석가모니불을 공양함이 되며, 또 이 사람은 부처님께서 착하다고 칭찬하심을 받으며, 또한 석가모니불께 그를 위하여 손으로 머리를 어루만져주심이 되느니라. 또 마땅히 알라. 이는 석가모니불께서 옷으로써 덮어 주심이 되느니라. 이런 사람은 세속의 5욕락에 탐착하지 아니하며, 외도의 경서나 그들이 쓴 글을 좋아하지 아니하고, 또한 여러 가지 악한 사람들도 혹은 백정이나 혹은 돼지·양·닭·개 등을 기르는 자이거나 혹은 사냥하고 혹은 여색을 파는 이들과 가까이 하기를 기뻐하지 아니하리라.

또한 이런 사람은 마음과 뜻이 정직하여 바르게 생각하고, 복덕이 있어 삼독의 시달림 당하지 아니하며, 또 질투·아만·삿됨·증상만의 괴롭힘 당하지 아니하며, 이런 사람은 욕심이 적고 만족할 줄을 알아 능히 보현의 행을 닦으리라.

보현아, 여래가 멸도한 뒤 흐리고 악한 세상에서 어떤 이가 이 법화경을 받아 지녀 읽고 외우는 것을 보면 너는 이렇게 생각하여라.

'이 사람은 멀지 않아 도량에 나아가서 여러 마구니들을 깨뜨리고 아뇩다라삼먁삼보리를 얻게 될 것이며, 법륜을 굴려 법북을 치고 법소라를 불며 법비를 내리고, 마땅히 하늘과 인간 가운데서 사자의 법자리에 앉게 되리라'고.

보현아, 뒤 세상에 만일 이 경전을 받아 지녀 읽고 외우는 이가 있으며, 이 사람은 의복·침구·음식 등의 생활 용품을 탐내지 않을 것이며, 소원이 헛되지 않으며 또한 현세에서 그 복의 과보를 받으리라

만일 어떤 사람이 부처님의 법 수행하는 이를 경멸하

고 훼방하여 '너는 미친 사람이다. 공연히 이런 행을 하는 것이요, 끝내 아무것도 얻는 것이 없으리라' 하면, 그 사람은 죄의 과보로 세세에 눈이 없이 태어날 것이며, 공양하고 찬탄하는 이는 마땅히 현세에서 좋은 과보를 받으리라.

또 이 경전 수지한 이의 허물과 죄악을 꼬집어 내면, 그것이 사실이거나 아니거나 이런 사람은 현세에서 문둥병을 얻을 것이며, 만일 수행하는 이를 경멸하여 비웃으며, 이런 사람은 세세에 어금니가 성글고 이지러지며, 입술은 추하고 코는 납작하며, 손과 다리가 비뚤어지고 눈이 틀어지고 몸에서는 추악한 냄새가 나며, 고약한 피고름이 나고 곱창병과 숨가쁜 병 등의 여러 가지 악한 중병을 앓으리라.

그러므로 보현아, 만일 이 경전을 받아 가진 이를 보거든 마땅히 일어나 멀리서부터 환영하기를 부처님께 공양하듯이 할지니라."

이 보현보살이 「권발품」을 설하실 때 항하의 모래수 같은 한량없고 가없는 보살이 백천만억 선다라니를 얻었으며, 삼천대천세계의 티끌 같은 많은 보살은 보현의 도를 갖추었으며, 또한 부처님께서 이 『법화경』을 설하실 때 보현 등의 많은 보살과 사리불 등의 많은 성문, 그리고 여러 하늘·용과 사람인 듯 아닌 듯한 것 등의 모든 대중들이 모두 크게 환희하여 부처님의 말씀을 받아 가지고 예배하고 물러갔다.

찾아보기

ㄱ:

가야성(伽耶城) 120
건타(健馱) 254
견가라(甄迦羅) 213
견숙가보(甄叔迦寶) 227
고제(苦諦) 256
공왕불(空王佛) 27
공후(箜篌) 151
관세음보살(觀世音菩薩) 236
광음천(光音天) 172
교담미(憍曇彌) 78
교향(膠香) 211
구방(九方) 141
구비다라(拘鞞陀羅) 175
귀자모(鬼子母) 253
금강산(金剛山) 243
길자(吉蔗) 251

ㄴ:

나라(那羅) 86
나라연(那羅延) 229
나바마리(那婆摩利) 220
나찰(羅刹) 183
나찰녀(羅刹女) 253
나한(羅漢) 82
니건자(尼健子) 86

ㄷ:

다가라향(多伽羅香) 174
다라니주(陀羅尼呪) 250
다리수(多羅樹) 151
다마라발향(多摩羅跋香) 174
단바라밀(檀波羅蜜) 145
대사(大士) 33
대웅(大雄) 112
대인상(大人相) 224
도루바(兜樓婆) 211
도솔천(兜率天) 272
두타행(頭陀行) 63

ㄹ:

라훌라(羅睺羅) 24
로가야타(路伽耶陀) 86

ㅁ:

만다라꽃(曼陀羅華) 175
말리화(抹利華) 174
말법(末法) 63
말향(抹香) 34
명명(命命) 172
목진린타산(目眞隣陀山) 52
묘당상삼매(妙幢相三昧) 225
묘음보살(妙音菩薩) 227
묘장엄왕(妙莊嚴王) 257
무루법성(無漏法性) 185
무생법인(無生法忍) 139
무생인(無生忍) 69
무연삼매(無緣三昧) 225
무위법(無爲法) 91
무진의보살(無盡意菩薩) 236
문지다라니(聞持陀羅尼) 139
미루산(彌樓山) 169
밀행(密行) 29

ㅂ:

바라라화(波羅羅華) 174
바리(鉢) 231
바리사가(婆利師迦) 219
반야바라밀(般若波羅蜜) 146
발타바라(跋陀婆羅) 194
방편바라밀(方便波羅蜜) 258
백천만억선다라니 270
번개(幡蓋) 144
번뇌마(煩惱魔) 101
법기(法器) 74
법음방편선다라니. 270
법자(法子) 29
법화삼매(法華三昧) 225
법희식(法喜食) 12
변정천(遍淨天) 172
보리(菩提) 65
보현보살(普賢菩薩) 267
본말(本末) 116
부단나(富單那) 251
부루나미다라니자 8
부촉(付囑) 56
불공삼매(不共三昧) 226
불사(佛事) 260
불퇴지(不退地) 125

불퇴지(不退智) 106
비관(悲觀) 246
비다라(毘陀羅) 254
비리야바라밀(毘梨耶波羅蜜) 145
비무상(非無想) 273
비사문(毘沙門) 241
비사문천왕(毘沙門天王) 232
비유상(非有想) 160
비인(非人) 178
빈바(頻婆) 265
빈바라(頻婆羅) 213

ㅅ:

사갈라(娑竭羅)용궁 70
사다함(斯陀含) 161
사라수왕(娑羅樹王) 263
사마(死魔) 101
사무애지(四無礙智) 10
사생(四生) 159
사섭법(四攝法) 68
사자후(獅子吼) 58
사제화(闍提華) 174
산왕(山王) 52
삼보(三寶) 136

삼십삼천(三十三天) 47
삼십칠조도법(三十七品助道法) 258
삼천대천세계(三千大天世界) 140
상불경(常不輕) 190
상행(上行) 201
석범(釋梵) 144
선근력(善根力) 40
선남자(善男子) 42
선다라니(旋陀羅尼) 140
선바라밀(禪波羅蜜) 146
선설(宣說) 9
선실(禪室) 152
선열식(禪悅食) 12
신적력(善寂力) 192
선지식(善知識) 68
선총지(旋總持) 142
소등(蘇燈) 149
소천국토(小千國土) 140
수(銖) 211
수다원(須陀洹) 161
수만(須曼) 155
수만나화(須曼那華) 174
수미산(須彌山) 52
수왕화보살(宿王華菩薩) 209
수왕희삼매(宿王戲三昧) 225
승방(僧坊) 150

시라바라밀(尸羅波羅蜜) 145
시무외자(施無畏者) 242
시자(侍者) 24
시주(施主) 207
신력(信力) 40
신발의보살(新發意菩薩) 122
신통유희삼매(神通遊戲三昧) 225
실상(實相) 72
십보산(十寶山) 217
십이부경(十二部經) 61

아:

아나함(阿那含) 161
아난(阿難) 24
아련야(阿練若) 82
아발마라(阿跋摩羅) 254
아사(阿私) 67
아승지(阿僧祇) 117
아제목다가(阿提目多伽) 155
아축바(阿閦婆) 213
야차길자(夜叉吉蔗) 254
약상보살(藥上菩薩) 226
약왕보살(藥王菩薩) 33
역로가야타(逆路伽耶陀) 86

염부단금(閻浮壇金) 150
염부제(閻浮提) 190
영락(瓔珞) 34
영취산(靈鷲山) 71
오마륵가(烏摩勒伽) 254
오음마(五陰魔) 101
오정(五情) 230
오종불남(五種不男) 87
요설(樂說) 142
요설변재력(樂說辯才力) 192
운뢰음수왕화지(雲雷音宿王華智) 257
위음왕불(威音王佛) 192
위타라(韋陀羅) 269
유위법(有爲法) 91
육계(肉髻) 224
육근(六根) 168
육취(六趣) 159
의근(意根) 185
이근(耳根) 171
이천중국토(二千中國土) 140
인길자(人吉蔗) 254
일선삼매(日旋三昧) 226
일세계(一世界) 139
일월등명(日月燈明) 193

ㅈ:

자관(慈觀) 247
자비희사(慈悲喜捨) 68
자생(資生) 20
자재천(自在天) 232
장엄왕삼매(莊嚴王三昧) 226
쟁송(諍訟) 247
전다라 86
전신사리 69
정광명삼매(淨光明三昧) 226
정덕삼매(淨德三昧) 225
정례(頂禮) 248
정장삼매(淨藏三昧) 226
정정취(正定聚) 268
정화수왕지(淨華宿王知) 224
제바달다(提婆達多) 68
조달(調達) 255
종성(種性) 9
중성(中性) 178
증개(繒蓋) 35, 149
지국천왕(持國天王) 252
지원력(志願力) 40
지인삼매(智印三昧) 225
지지보살(持地菩薩) 248
지혜관(智慧觀) 246

진관(眞觀) 246
질직(質直) 98
집금강신(執金剛神) 242
집일체공덕삼매(集一切功德三昧) 225

ㅊ:

찬제바라밀(羼提波羅蜜) 145
채녀(采女) 262
천대장군(天大將軍) 232
천룡팔부(天龍八部) 76
천이(天耳) 170
철위산(鐵圍山) 52
첨복(瞻蔔) 155
첨복화(瞻蔔華) 174
청신녀(淸信女) 197
청신사(淸信士) 197
청정관(淸淨觀) 246
청정삼매(淸淨三昧) 225

ㅍ:

파리질다라(波利質多羅) 175
표찰(表刹) 215

필력가(畢力迦) 211

ㅎ

해일체중생어언다라니 213
해일체중생어언삼매 225
해조음(海潮音) 247
해차안전단향(海此岸栴檀香) 211
현겁(賢劫) 11
현성(賢聖) 218
현일체색신삼매(現一切色身三昧) 210
혜거삼매(慧炬三昧) 226
화신불(化身佛) 58
후오백년(後五百年) 220
훈륙(薰陸) 211
흑산(黑山) 217

참고문헌

1. 경전 및 사전류

『한글대장경』 동국역경원, 1997.
김광태 외3인, 『팔만대장경 해제 3권』 사회과학출판사, 1992.
김길상 편, 『불교학대사전(상·하)』 홍법원, 1999.
민중서림 편집국 편, 『국어사전』 민중서림, 1999.
한국대장경편찬위원회, 『축역 한국대장경(법화열반부)』 불교통신교육원, 1998.
전관응, 『불교학대사전』 홍법원, 1998.
운허용하 저, 『불교사전』 동국역경원, 1995.
홍사성 주편, 『불교상식백과 상·하』 불교시대사, 1996.
한국정신문화연구원 편, 『한국민족문화대백과사전』 웅진출판사, 1995.
이정 편, 『한국불교인명사전』 불교시대사, 1993.

2. 단행본

김현해 저, 『법화경요품강의』 민족사, 1996.
곽철환 지음, 『불교 길라잡이』 시공사, 1996.
교양교재편찬위원회, 『불교학개론』 동국대학교출판부, 1998.
　　　　　　　　　, 『불교와 인간』 동국대학교출판부, 1998.

동봉스님 저, 「관음경 이야기」 민족사, 1998.
대안스님 편저, 「알기쉬운 불교강좌」 보광출판사, 2000.
_____엮음, 「마음을 여는 예불문」 보광출판사, 2000.
_____엮음, 「재미있는 반야심경」 보광출판사, 2000.
_____엮음, 「함께하는 천수경」 보광출판사, 2000.
_____엮음, 「초심자를 위한 금강경」 보광출판사, 2000.
대한불교조계종 교육원 편, 「석가여래행적송」 조계종출판사, 1996.
불광교학부 엮음, 「경전의 세계」 불광출판사, 1995.
불교교재편찬위원회, 「불교사상의 이해」 동국대학교 불교문화대학, 1998.
불교신문사 편, 「불교경전의 이해」 불교시대사, 1997.
서성우 저, 「법화경연구」 운주사, 1997.
안중철 옮김, 「대승불교 총설」 불교시대사, 1994.
우정상 지음, 「교양불교」 불광출판부, 1994.
이기영 저, 「불교개론강의 상·하」 한국불교연구원, 1998.
이운허 역, 「법화경」 동국대학교역경원, 1993.
제관 록, 이영자 역주, 「천태사교의」 경서원, 1992.
종범 스님, 「불교를 알기쉽게」 밀알, 1997.
정승석 지음, 「100문 100답(강좌편)」 대원정사, 1995.
편집부 엮음, 「100문 100답(입문편)」 대원정사, 1998.
한형조 옮김, 「한글세대를 위한 불교」 세계사, 1994.
히로사치야 지음, 강기희 옮김, 「소승불교와 대승불교」 민족사, 1994.
혜량 저, 「법화경 입문」 수미산, 1998.
혜자스님 편, 「절에서 배우는 불교」 우리출판사, 1999.

아름다운 법화경(下)

엮 은 이 · 대안스님
발 행 인 · 심상일
발 행 처 · 혜성출판사
기　　획 · 안정수, 김광호
디 자 인 · 김현주
사　　진 · 혜성PHOTO
인　　쇄 · 대웅인쇄
출　　력 · 대초출력

주　　소 · 서울특별시 동대문구 신설동 114-91 삼우빌딩 A동 205호
전　　화 · 2233-4468
팩　　스 · 2253-6316
등록번호 · 제5-597호
수정증보 제1판 인쇄일 · 2004년 10월 15일
수정증보 제1판 발행일 · 2004년 10월 20일

홈페이지　www.hyesungbook.com
전자우편　hyesungbook@hotmail.com
정가 10,000원

책의 파본은 교환해 드립니다.
더욱 더 맑고 향기로운 책을 만들기위해 노력하겠습니다..